图书在版编目（CIP）数据

中国供给侧改革 / 陈二厚，齐中熙，韩洁著 . —— 北京：中国言实出版社，2016.6

ISBN 978-7-5171-1900-5

Ⅰ. ①中… Ⅱ. ①陈… ②齐… ③韩… Ⅲ. ①中国经济—经济改革—研究 Ⅳ. ① F12

中国版本图书馆 CIP 数据核字（2016）第 120397 号

出 版 人：王昕朋
责任编辑：王丹誉
责任校对：张　强
封面设计：王立霞

出版发行　中国言实出版社
　　　　　地　　址：北京市朝阳区北苑路 180 号加利大厦 5 号楼 105 室
　　　　　邮　　编：100101
　　　　　编辑部：北京市海淀区北太平庄路甲 1 号
　　　　　邮　　编：100088
　　　　　电　　话：64924853（总编室）　64924716（发行部）
　　　　　网　　址：www.zgyscbs.cn
　　　　　E-mail：zgyscbs@263.net
经　　销　新华书店
印　　刷　三河市祥达印刷包装有限公司
版　　次　2016 年 6 月第 1 版　　2016 年 6 月第 1 次印刷
规　　格　710 毫米 ×1000 毫米　1/16　10.5 印张
字　　数　150 千字
定　　价　30.00 元　　ISBN 978-7-5171-1900-5

从马桶盖说起……

（代序）

2015 年 1 月 26 日，财经作家吴晓波一篇《中国中产为何蜂拥去日本买马桶盖》引起轩然大波。"马桶盖"成为 2015 年热门关键词。从消费者到媒体、政府官员、企业、"两会"代表委员乃至总理李克强，纷纷就中日马桶盖对比、中国制造业尴尬现状以及转型升级出路进行了反思。

小小的一个马桶盖颠覆了大众对于"中国制造"的印象，也戳中了"中国制造"痛点。自从改革开放以来，随着中国经济的迅速成长和与世界联系进一步紧密，"中国制造"几乎遍布于世界的每一个角落。甚至前些年还有一个美国人，试图不用"中国制造"的产品，结果铩羽而归。

"中国制造"铸造了一段"神话"。最低廉的成本、最迅速的交货周期、最庞大的制造能力……都成为"中国制造"的组成部分。但同时，质量不佳、假冒仿冒、产品低端等，也成为外界对"中国制造"另一面的印象。尽管媒体前几年不断提醒，中国是用几亿件衬衫才能换来一架波音，但毕竟衬衫与飞机是低端制造和高端制造两极的代表。直到"马桶盖"的出现，一下子戳破了人们对"中国制造"低端称王的这层窗户纸：原来像马桶盖、电饭煲这种大众货，"中国制造"竟还有如此大的差距。

在《中国中产为何蜂拥去日本买马桶盖》一文中，长期接触中国制造业企业的吴晓波尖锐地指出：我眼睁睁地看他们"嚣张"了 20 年，而今却终于陷入前所未见的痛苦和彷徨。成本优势的丧失、渠道优势的瓦解、"不变等死，变则找死"的转型恐惧，这三大痛苦正在折磨着"中国制造"。

是"中国制造"的能力不够吗？有这样的成分，但绝不能归咎于此。就拿马桶盖来说，事后媒体调查发现，很多从日本买回来的马桶盖的外包装上赫然印着"Made in China"。福建省厦门市是国内大型的智能卫浴生产基地，为许多国际品牌代工贴牌生产。厦门 2014 年出口的智能卫浴产品和配件产值达 16 亿美元，主要出口欧洲和日本市场，出口日本的占半数以上。

是中国消费市场已接近饱和了吗？显然不是，从每年出境游客海外"扫货"就可以看出，中国消费市场潜力巨大。中国游客不只买名牌奢侈品，像马桶盖、电饭煲、奶粉、厨具等都是购买的对象。也就是说，不是没有需求，而是供给不对路！如果在国内能够买到和国外质量差不多、价格又便宜的产品，有哪个消费者愿意千里之外花这个冤枉钱呢？

有人感叹，一只马桶盖打败了"中国制造"。这让我们不得不反思"世界工厂"为何难获消费者青睐？

——生产能力世界第一，缺乏核心技术、人性设计。一直以来"中国制造"解决的是短缺问题，对优质产品探索、研发、生产刚起步，但多样化、个性化需求已被国际市场逐渐培养，供需之间产生裂痕。

——不尊重知识产权，创新企业遭"山寨"。其实国内很多企业并不缺乏创新能力，但创新出来的产品在市场上很快就被"山寨"了，仿冒的成本太低、劣币驱逐良币。

——品牌"叫不响"，服务难到位。现在并非是卖一个或一套产品的问题，而是要通过品牌建设和服务提升来增加产业附加值。

——制造业质量基石被忽视。现在"中国制造"高端低端并存，核心的质量、标准问题仍缺失，夯实基础的工作还没完成……

所有上述这些，其实都归结于一点——供给侧。

作者

2016 年 6 月

目　录
CONTENTS

第一章 "供给侧"是什么

"新华社北京 11 月 10 日电 10 日召开的中央财经领导小组第十一次会议上，习近平总书记强调，在适度扩大总需求的同时，着力加强**供给侧**结构性改革，着力提高供给体系质量和效率，增强经济持续增长动力，推动我国社会生产力水平实现整体跃升"……

2015 年 11 月 10 日，新华社向全世界广播了这条电文。细心的人们发现，中国从中央一级第一次发出了要加强"供给侧"结构性改革的声音。

此后的 8 天里，中国官方连续公开提及"供给侧改革"。2015 年 11 月 11 日召开的国务院常务会议强调"培育形成新供给新动力扩大内需"；11 月 17 日，李克强总理在"十三五"规划纲要编制工作会议上要求，在供给侧和需求侧两端发力促进产业迈向中高端；11 月 18 日，习近平主席在 APEC 会议上再提"供给侧改革"。短短几天，一系列有关"供给侧"的信息在网上"刷屏"，成为媒体、学者乃至整个社会的"热词"。当时，很多人是第一次听到"供给侧"这个词，那么供给侧到底是什么？

一、"供给学派"的前世今生

供给学派的兴起

说到供给侧，必须从它的源头——供给学派（Supply-Sider School）开始讲起。供给学派是 20 世纪 70 年代在美国兴起的一个经济学流派，强调经济的供给方面，认为生产的增长决定于劳动力和资本等生产要素的供给和有效利用。在供给学派基础上发展出新供给主义，主张通过放松供给约束，解除供给抑制，让新供给创造新需求，才能提升经济的潜在增长率。

该学派认为，个人和企业提供生产要素和从事经营活动是为了谋取报酬，对报酬的刺激能够影响人们的经济行为。自由市场会自动调节生产要素的供给和利用，应当消除阻碍市场调节的因素。

这个学派的主要代表人物之一——拉弗把供给经济学解释为："提供一套基于个人和企业刺激的分析结构。人们随着刺激而改变行为，为积极性刺激所吸引，见消极性刺激就回避。政府在这一结构中的任务在于使用其职能去改变刺激以影响社会行为。"

第二次世界大战后，凯恩斯主义占据了经济学的统治地位，西方国家普遍依据凯恩斯的理论制订政策，对经济进行需求侧管理，并取得了较大效果。二战后西方主要经济体经济得到迅速恢复和增长。20 世纪 40 年代中期到 50 年代初，经过大力调整与重建，一些国家经济恢复到战前水平，美国、加拿大等国则将战时经济转为平时经济。50 年代到 70 年代初，西方发达国家的经济增长速度较快，国民生产总值的平均增长率为 5%，被称为战后西方经济增长的"黄金时期"。凯恩斯主义盛极一时。

正所谓"成也萧何，败也萧何"。凯恩斯主义人为地扩大需求，最后导致 70 年代西方经济出现生产停滞、失业严重，同时出现物价持续上涨的"滞胀"局面。1973 至 1975 年、1980 至 1982 年，西方主要资本主义国家连续爆发了两次严重的经济危机。在整个 20 世纪 80 年代，西方发达国家的经济虽摆脱了经济危机，但其发展依然十分缓慢，各国平均增长率也只有 3%。

当人们从经济危机的"浩劫"中逐渐清醒过来，经济学界最先开始了反思。当时，一批经济界学者纷纷向凯恩斯主义提出挑战，并试图研究替代的理论和政策。在这样的背景下，供给学派诞生、兴起了。

供给学派的先驱者是加拿大籍美国哥伦比亚大学教授芒德尔。20 世纪 70

年代初，他多次批评美国政府的经济政策，提出同凯恩斯主义相反的论点和主张。1974 年，他反对福特政府征收附加所得税控制物价的计划，主张降低税率、鼓励生产，同时恢复金本位、稳定美元价值来抑制通货膨胀。

芒德尔的论点引起其他经济学家如拉弗和万尼斯基的注意和赞赏，拉弗进一步研究并发展了芒德尔的论点。当时的美国国会众议员肯普也很重视芒德尔的主张，他任用罗伯茨为他拟定减税提案，聘请图尔进行减税效果的计量研究。

20 世纪 70 年代后半期，拉弗、万尼斯基、罗伯茨等供给学派先驱利用《华尔街日报》广泛宣传他们的论点，肯普也在国会内外竭力鼓吹减税能够促进经济增长。1977 年，肯普与参议员罗斯联名提出三年内降低个人所得税30% 的提案。这个提案虽然未经国会通过，但在社会上产生了很大影响。

在理论著作方面，罗伯茨的论文《凯恩斯模型的破产》（1978）和图尔的文章《税制变动的经济效果：新古典学派的分析》（1980），提出在税制的经济效果问题上同凯恩斯主义对立的论点。万尼斯基所著《世界运转方式》被认为是供给学派的第一部理论著作，吉尔德的《财富与贫困》（阐述供给学派的资本和分配理论）被誉为是供给经济学的第一流分析。20 世纪 70 年代末，供给学派在美国经济学界已成为独树一帜的学派。

在学派形成过程中，有些倡导者如费尔德斯坦、埃文斯等在一些论点和政策上同拉弗、万尼斯基、肯普等人的意见差异很大。因为费尔德斯坦、埃文斯的观点比较温和，持折中论，经济学界称他们为温和派，称拉弗、万尼斯基、肯普等为激进派。但后者则自称是供给学派正统派，西方各界通常也把后者作为供给学派的代表。

供给学派在美国兴起后，英国、联邦德国等也出现了一些追随者。不过，西欧国家的供给学派虽然赞同美国供给学派的基本观点，但没有强调大规模减税。

供给学派的主张

至今仍有很多人认为，供给学派并没有建立其理论和政策体系，只是学派的倡导者对于经济产生"滞胀"的原因及政策主张有些共同的看法。那么，供给学派的主张具体都有什么呢？

供给学派认为，1929 至 1933 年间的世界经济危机，并不是由于有效需求不足，而是当时西方各国政府实行一系列错误政策造成的。萨伊定律完全正确，凯恩斯定律却是错误的。

如吉尔德坚持说，就全部经济看，购买力永远等于生产力；经济具有足够的能力购买它的全部产品，不可能由于需求不足而发生产品过剩。拉弗极力强调萨伊定律的重大意义，他指出萨伊定律不仅概括了古典学派的理论，而且确认供给是实际需求得以维持的唯一源泉。政府不应当刺激需求，而应当刺激供给。

供给学派重新肯定萨伊定律以后，进而确认生产的增长决定于劳动力和资本等生产要素的供给和有效利用，在生产要素中资本至关紧要。资本积累决定着生产增长速度，应当鼓励储蓄和投资。

他们认为，在市场经济条件下，个人和企业提供生产要素和从事经营活动都是为了谋取报酬或利润。因此，对报酬或利润的刺激会影响经济主体的行为：对实际工资的刺激将影响劳动力的供给；对储蓄和投资报酬的刺激会影响资本的供给和利用。充分发挥市场机制，能够使生产要素供需达到均衡和有效利用。应当消除不利于生产要素供给和利用的因素。政府的经济政策是经济主体经营活动的刺激因素，其中财政政策最为重要。在分析经济政策对行为的影响时，供给学派反对凯恩斯主义只注意政策对经济主体收入和支出的效果，而是强调政策对生产活动的作用。

供给学派着重分析税制对生产要素供给和利用的效果。他们指出，经济主体从事经营活动所关心的并不是获得的报酬或利润总额，而是减去各种纳税后的报酬或利润净额。在累进税制条件下，边际税率又是关键因素。因为经济主体是否多做工作，或增加储蓄和投资，要看按边际税率纳税后增加的净报酬是否合算。

他们认为，税率影响经济主体行为是通过相对价格变化实现的，税率提高，纳税后净报酬自然就会减少。就劳动力看，这意味着休闲对做工的价格下降，人们就会选择休闲而不去做工，劳动力供给就会减少。就资本看，这意味着消费对储蓄和投资的价格下降，人们就乐意把收入用作消费而不用作储蓄和投资，资本供给就会减少。此外，经济主体为了逃避高税率，还把经济活动从市场转入地下。这些都会使生产要素供给减少，利用效率降低，使生产下降。

供给学派进而分析税率与税收的关系。因为税收是税率与税收基础的乘积，税率变动既然影响生产，就必然影响税收。拉弗首次把税率与税收的关系制成模型，画在直角坐标图上，这就是以拉弗命名的"拉弗曲线"。

拉弗、万尼斯基、肯普等供给学派经济学家宣扬，正是高税率挫伤了人们的劳动热情，阻碍了个人和企业储蓄与投资。这就必然导致生产率增长缓慢、生产呆滞，出现商品供给不足、物价上升。这时再加上人为地扩大需求，通货膨胀势必加剧。通货膨胀又使储蓄和投资进一步萎缩，生产更加呆滞；还使纳税人升进高税率等级，而实际收入并未增加，纳税负担因而更重。因此，减税，特别是降低边际税率能促进生产增长，并可抑制通货膨胀。

学界评价

然而，一些经济批评学者指出，供给学派竭力主张大幅度减税，夸大了降低边际税率的作用。他们认为减税能刺激人们多做工作，更能刺激个人储蓄和企业投资，从而大大促进经济增长，并可抑制通货膨胀。他们还认为，减税后政府税收不会减少，还会增多。即使出现财政赤字，对经济也无关紧要。经济增长后，赤字自然缩小和消失。

激进的供给学派甚至认为，政府支出不论是公共支出还是转移支付，都或多或少起着阻碍生产的作用。公共支出中有些是浪费资源，有些虽然对经济有益，但效率很低。因此，他们主张大量削减社会支出，停办不必需的社会保险和福利计划，降低津贴和补助金额，严格限制领受条件。

供给学派虽然同意货币主义的基本观点，但在控制货币数量增长的目的和措施上，同货币学派大相径庭。供给学派认为，控制货币数量增长的目的不应只是与经济增长相适应，而是为了稳定货币价值。货币价值保持稳定，人们的通货膨胀心理就会消失。在安排货币收入时，人们就乐意保存货币，不去囤积物资，选择生产性投资，不做投机性投资。同时，货币价值稳定又是保证财政政策发挥促进经济增长作用的必要条件。如何保持货币价值稳定，拉弗、万尼斯基、肯普等坚持必须恢复金本位制。

供给学派的论点和主张受到西方经济学界各方关注。凯恩斯主义者萨缪尔森认为，它既没有经济史上的有力证据，又缺乏理论分析上的合理推断。货币学派虽然对一些论点表示赞同，但认为它并没有提出有效解决美国社会经济问题的分析结构。

此外，大多数经济界学者都不同意拉弗、万尼斯基、肯普等关于美国税制已经进入禁区的论断，认为缺乏历史和现实的验证。对于供给学派所说减税不会导致出现财政赤字，即使发生赤字对经济也无任何妨碍，赤字会自行消失的观点，更不苟同。

当时，评论者几乎一致地指出，降低边际税率是为富人谋利。因为全面降低累进税率，高收入阶层获得减税的好处要比低收入阶层多，削减社会支出则使低收入阶层直接受到损失。

凯恩斯主义者阿罗、卡恩等指出，政府干预经济是社会经济发展的需要，并非政治家们的任意设计。第二次世界大战后西方国家在资源分配和利用、保持经济稳定、收入再分配等方面的干预和调节，对经济发展起了巨大的促进作用。制订生产安全、环境保护等法律条例，虽然增加了企业负担，但保护了社会利益。

一些进步学者批评供给学派过分强调资本投资在经济增长中的作用。并着重指出，资本投资既促进经济增长，又造成生产过剩危机。他们还反对供给学派把投资不足作为经济出现"滞胀"的原因，指出 20 世纪 70 年代美国企业固定资本投资占国民生产总值的比重并不比 60 年代低。

对于供给学派主张的恢复金本位制，大多数评论者认为，这将大大缩减货币供应量的增长，使经济陷入长期衰退。他们指出，货币历史表明金本位并不能保证物价稳定。1981 年美国国会成立的专门研究恢复金本位问题的"黄金委员会"，经过半年多的争辩，最后否定了供给学派的主张。供给学派虽然遭到经济学界的批评，但也给予经济思想以有力冲击，对西方一些国家特别是美国的经济政策也有很大的影响。

政策影响

虽然对供给学派的看法不一，对其主张的观点社会上分歧也很大，但不能否认的是，供给学派对当年美国政府的经济政策的确产生了较大的影响。

1981 年，刚刚当选的美国总统里根提出的"经济复兴计划"开头就声明，他的计划与过去美国政府以需求学派为指导思想的政策彻底决裂，改以供给学派理论为依据。1985 年，里根总统在第二任期开始时又宣称，他将继续实施并扩大原定计划。

所谓"人算不如天算"，美国经济并没有像计划所预期的那样顺利发展，大部分目标也未能实现。计划实施不久，美国经济就陷入第二次世界大战后最严重的一次经济危机。特别是联邦财政连年出现巨额赤字，导致高利率和美元高汇价，又使对外贸易连年出现创纪录赤字。所以几年来除了几位倡导者仍在宣扬供给学派获得巨大胜利外，信仰和赞赏者已日趋减少。

二、"供给侧改革"提出的时代背景

为什么现在要提"供给侧改革"？

中国供需关系正面临着不可忽视的结构性失衡。"供需错位"已成为阻挡中国经济持续增长的最大路障：一方面，过剩产能已成为制约中国经济转型的一大包袱；另一方面，中国的供给体系，总体上是中低端产品过剩，高端产品供给不足。因此，强调供给侧改革，就是要从生产、供给端入手，调整供给结构，为真正启动内需，打造经济发展新动力寻求路径。

传统的先增长后治理、追求增长忽视公平等发展方式失去了可持续性，必然走到尽头。新常态下，结构调整是一种大逻辑、大格局、大趋势，是中国无法回避、必须进行的一场变革。

"供给侧改革"是如何提出的?

"供给侧改革"在我国从提出、发展、成形也经过了一段过程。

2012 年，中国当时已有人注意并提出了有关供给侧的相关理论。当年，世界经济一片低迷之中，中国经济走势万众瞩目。在欧债危机充满变数、美国经济增速放缓的大背景下，中国经济何去何从？特别是 2011 年以来，中国经济增速连续五个季度回落，加重了一些人对中国经济的担忧。

在世界经济普遍低迷、中国经济下行压力加大背景下，当时国家明确提出，把"稳增长"放到宏观调控更加重要的位置，并在当时采取了包括降息、下调存款准备金率、加大对小微企业扶持力度、鼓励节能产品消费、结构性减税、启动重大项目等一系列措施。

许多经济学家认为，要把已出台的"稳增长"政策措施贯彻落实好，特别是加大结构性减税力度，货币政策也有进一步预调微调的空间，但并不需要像"四万亿"计划那样的刺激。许多经济学家建议，从长远看，应当把更多气力下在**供给侧**上。要增强企业创新能力，激发民营经济活力，而这要靠推进结构调整和深化改革来实现。

他们主张，在经济增速回落的时候，推动结构调整、深化改革的阻力较小，要抓住这个机遇。要进一步改革垄断行业、转变政府职能、放宽民营经济准入，为中国经济注入新的活力；要引导资金加快流向战略性新兴产业，下决心淘汰落后产能，尽快形成新的核心竞争力；要深入推动收入分配改革，让经济发展的成果更多惠及百姓，为今后的发展蓄积新的动力。

国务院发展研究中心宏观经济部研究员张立群认为，中国宏观调控2015年实现了重要转型。这次没有再搞大规模刺激，而是有针对性地针对薄弱环节加大了力度，而且注重与调结构、促改革、惠民生紧密结合；这次更加注重长远，着力打造新的增长点。这种长短兼顾、供给侧需求侧管理衔接的多重目标的宏观调控，已经初见成效。

2014年，时任国家发展和改革委员会宏观经济研究院副院长的陈东琪指出，改革开放30多年来，我国经济高速增长。宏观调控很大程度上是在需求侧（内需和外需方面）进行，特别是在经济下行的时候。而新一届政府在总结发扬以往需求侧调控经验的基础上，更为大胆、更为精准地在供给侧（供给方面）做文章。比如说，通过简政放权，把原来政府掌握的权力放给市场、放给企业，让市场活起来，让企业愿意去生产（增加供应）。

他认为这种宏观调控着力激活微观活力，在减税、金融改革等方面，努力帮助企业降低成本，这有利于提高企业发展能力，增加有效供给。这种供求两侧相结合的调控方式，是符合中国当前发展阶段的正确选择。

2015年8月，时任国务院发展研究中心副主任的王一鸣在接受新华社记者采访时指出：当前中国经济传统增长动力弱化，各种风险和矛盾交织，新的增长格局形成尚需时日，"三期叠加"特征短期不会改变，各种力量分化重塑的特征比较突出。"十三五"时期是我国全面建成小康社会的关键时期，需要坚持运用长期性、全局性的视角，找准经济增速变化背后的主导性因素，以新常态这一大逻辑统揽全局，以深入推进"四个全面"战略布局为重点，释放发展潜力，推动经济转型，切实提高经济发展的质量与效益。

他具体指出，一是完善宏观管理框架，防止经济出现大的波动。要完善以财政政策和货币政策为主的宏观调控体系，建立健全风险预警机制和宏观审慎监管框架。二是通过改革释放潜力，形成增长新动力。坚持效率提升导向的**供给侧改革**，释放低效率部门的增长潜力。三是激发创新活力，推动产业迈向中高端。加强知识产权保护，完善科技成果转化机制，完善科研人员激励机制，支持创新型中小企业，促进大众创业万众创新，提高技术进步对经济增长的贡献。四是重建和完善激励机制，调动地方干部积极性。需要重视地方干部中出现的"不会干""不敢干""不想干"等问题，重建和完善激励机制，让真正想干和会干的干部脱颖而出。五是坚持改革创新，着力提升发展质量和效益。要把习近平总书记提出的"推进国有企业改革，要有利于国有资本保值增值，有利于提高国有经济竞争力，有利于放大国有资本功能"作为衡量改革开放的重要标准，清除传统发展方式赖以存在的体制条件，使提高经济发展质量和效益真正落到实处。

2015 年 11 月 10，习近平总书记主持召开中央财经领导小组第十一次会议时发表重要讲话强调，推进经济结构性改革，是贯彻落实党的十八届五中全会精神的一个重要举措。要牢固树立和贯彻落实创新、协调、绿色、开放、共享的发展理念，适应经济发展新常态，坚持稳中求进，坚持改革开放，实行宏观政策要稳、产业政策要准、微观政策要活、改革政策要实、社会政策要托底的政策，战略上坚持持久战，战术上打好歼灭战，在适度扩大总需求的同时，着力加强**供给侧结构性改革**，着力提高供给体系质量和效率，增强经济持续增长动力，推动我国社会生产力水平实现整体跃升。

习近平指出，推进经济结构性改革，要针对突出问题、抓住关键点。要促进过剩产能有效化解，促进产业优化重组。要降低成本，帮助企业保持竞争优势。要化解房地产库存，促进房地产业持续发展。要防范化解金融风险，加快形成融资功能完备、基础制度扎实、市场监管有效、投资者权益得到充分保护的股票市场。

习近平强调，推进经济结构性改革，要坚持解放和发展社会生产力，坚持以经济建设为中心不动摇，坚持"五位一体"总体布局。要坚持社会主义市场经济改革方向，使市场在资源配置中起决定性作用，调动各方面积极性，发挥企业家在推动经济发展中的重要作用，充分发挥创新人才和各级干部的积极性、主动性、创造性。

为什么是"供给侧"?

长期以来，从需求侧出发分析经济增长的"三驾马车"（投资、消费、出口）理论大家耳熟能详，与之对应的是"供给侧"，也就是生产要素的供给和有效利用。为什么在这个时候强调"供给侧结构性改革"？这对中国经济意味着什么？

信号一：在供给侧上做文章意在推动经济长期可持续发展

大家熟悉的通过扩大投资、鼓励消费等方式扩大需求，从而拉动经济增长，这在经济学上属于需求侧管理。而供给侧管理重在通过鼓励企业创新、促进淘汰落后、降低税费负担等方式，推动经济发展。对于中国这样的发展中大国而言，既要有眼前经济的稳定增长，又要考虑到长远的可持续发展。宏观政策在需求侧还是在供给侧上做文章，不是非此即彼，只是有所侧重。

经济学家认为，以前常讲的"三驾马车"，是从经济运行的结果出发的，便于宏观调控进行短期的逆周期调节。这次强调供给侧是从经济运行的源头入手，从产业、企业角度观察认识问题，更加突出长远的转型升级。

结合中国经济运行和宏观调控的实践可以看出，供给侧管理其实以前也在做，比如淘汰落后产能、减轻企业税负等，只是现在这方面工作的紧迫性、重要性大大提升。未来适度扩大总需求的工作也还要做，投资方面还有社会领域、公共服务领域等的投资不足，消费方面还有中低收入群体的消费需求有待进一步扩大，出口方面还有服务贸易出口仍有很大潜力，扩大内需也大有潜力。在适度扩大总需求的同时，着力加强供给侧结构性改革，这样的提法既抓住了当前问题的重点，又是全面均衡的。可以预期未来经济工作的侧重点、发力点有所变化，将更加注重长远可持续发展。

信号二："靶心"对准新常态下经济新的突出矛盾

无论是注重扩大需求的凯恩斯主义，还是强调供给侧管理的供给学派，对中国宏观调控和经济决策的实践而言，都不是纯粹的经济学学理问题，而是要结合中国基本国情和发展阶段，解决经济运行中的突出问题。

中国（海南）改革发展研究院院长迟福林认为，进入新常态的中国经济，面临一系列新的突出矛盾和问题。表象上是速度问题，根子上看是结构问题。抓住供给侧做文章，是中国经济进入发展新阶段的必然选择。

经过改革开放30多年的飞速发展，中国不仅成为世界第二大经济体，而且进入了中等偏上收入国家行列。然而，新的问题随之而来，在长期形成的粗放式发展惯性作用下，一些重化工行业和一般制造业形成了严重的产能过剩，不仅加大了经济下行压力，而且成为突破"中等收入陷阱"过程中的重负。此外，在环境保护、资源节约、公共服务、社会公平等领域，也存在着很多短板。

世界各国的经济发展史证明，在从中等偏上收入国家向高收入国家迈进的时候，恰恰是产业结构变化最剧烈的时候。中国经济如今面临的最突出矛盾不是总量矛盾，而是结构问题，加强供给侧结构性改革恰逢其时，未来可以大有作为。

由此，中央财经领导小组第十一次会议提出，要促进过剩产能有效化解，促进产业优化重组。要降低成本，帮助企业保持竞争优势。对此迟福林分析说，中央决策坚持问题导向，从生产供给端入手，创造新供给，满足新需求，打造经济发展的新动力。中国进入中等偏上收入水平国家后，需求增长总体比较平稳但出现了新升级，产业结构要跟上来，现代服务业和高端制造业要加快发展，而产能严重过剩行业要加快出清，这样才能形成新的核心竞争力。

信号三：更多力促经济转型升级的改革举措将发力

人们注意到，在供给学派理论中，研究的多是"供给侧管理"。然而，中央这次强调的是"供给侧结构性改革"。宽泛意义上的"管理"被"结构性改革"取代，指向非常鲜明。这表明，中央意识到，中国经济长期积累的结构性矛盾相当突出，问题方方面面，但核心是体制机制问题，要着力通过供给侧结构性改革破解矛盾。

举例来说，中国服务业发展之所以相对滞后，根本原因在于，长期以来税收、土地、资源价格等相关机制都是注重鼓励工业发展的，服务业发展的成本较高，而且金融、养老、医疗、教育等服务业发展还面临市场准入方面的障碍，存在"玻璃门""弹簧门"。因此，下一步要通过放开市场准入、减轻税负等结构性改革措施，鼓励服务业特别是现代服务业大发展。

经济学家普遍认为，要通过供给侧结构性改革搞活微观，增强企业竞争力；减轻企业税费负担，让企业轻装上阵；降低企业融资成本，增强金融对实体经济的支撑能力；进一步简政放权，助力创业创新。中国经济发展正处于关键阶段，需要我们持续努力把供给侧结构性改革做好，同时继续适度扩大总需求，使得中国经济在优化结构中实现转型升级、良性循环，增强发展的可持续性，推动中国社会生产力水平实现整体跃升。

为什么强调是供给侧"结构性改革"？

衡量经济发展有两把标尺，一个是结构，一个是总量。前者代表的是经济质量和效率，后者反映的是经济数量和规模。华夏新供给经济学研究院院长贾康认为，这是强调在供给角度实施结构优化、增加有效供给的中长期视野的宏观调控。

结构问题有多重要？著名经济学家厉以宁讲过一个颇具说服力的事例：1840年鸦片战争时，中国的GDP世界第一，比英国高出很多，但是中国的经济结构不行。英国主要为蒸汽机、机器设备等工业品，中国完全是由农产品和手工业品构成的，花拳绣腿难敌坚船利炮，必然会战败。

改革开放后，在日益深化的市场化进程中，我国经济结构一直随着发展阶段不断调整，合理化程度得到明显改善。同时要看到，历次结构调整既是阶段性的，也有其局限性和狭隘性，特别是强调高投入和高增长。传统的先增长后治理、追求增长忽视公平等发展方式失去了可持续性，必然走到尽头。在新常态下，结构调整是一种大逻辑、大格局、大趋势，是中国无法回避、必须进行的一场变革。

结构性改革也是一个世界性命题。国际货币基金组织曾多次呼吁，各国务必落实结构性改革，提高国家长久竞争力和风险抵抗能力。但面对这项牵一发而动全身的改革，慎思者众，笃行者寡。北京大学国家发展研究院名誉院长林毅夫曾作出判断，发达国家恐怕没有一个领导人敢于进行结构性改革。他同时指出，谁都清楚，如果不推行结构性改革，就没有办法真正恢复经济竞争力。

因此，国际金融危机后，各国为维持经济可持续增长，普遍认识到推动结构转型、改革原有经济运行模式势在必行。中国在今后特别是在"十三五"时期如何推进结构性改革？中央财经领导小组第十一次会议明确了两条路径：

一是要针对突出问题、抓住关键点，促进过剩产能有效化解，促进产业优化重组，降低成本，帮助企业保持竞争优势，化解房地产库存，促进房地产业持续发展，防范化解金融风险；

二是要坚持解放和发展社会生产力，坚持以经济建设为中心不动摇，坚持"五位一体"总体布局，使市场在资源配置中起决定性作用，调动各方面积极性。

中国（海南）改革发展研究院院长迟福林认为，"十三五"推进结构性改革的重大突破，应争取更大力度"放水养鱼"，激发社会资本创新创业活力，加快金融体制改革，逐步消除服务业与工业要素价格差异，同时加快推进以优化结构、提升质量为基本目标的教育改革，推动教育结构与经济发展需求和消费需求相适应。此外，张占斌认为，"十三五"规划应当进一步细化各项结构性改革举措，比如对于产能过剩问题，要有扶有压，既要坚决地淘汰落后的产能，也要积极消化先进的过剩产能，还要结合国际合作适度转移。

清华大学国情研究院院长胡鞍钢则认为，"十三五"时期实现经济结构优化，在需求结构上，要使经济发展更多依靠内需特别是消费需求拉动，优化投资结构，提高投资效率；在产业结构上，使经济发展更多依靠服务业和战略新兴产业带动，大力发展循环经济和绿色产业；推进新型工业化、新型城镇化、农业现代化与建设生态文明紧密结合起来，促进经济转型发展、升级发展。

三、"供给侧"的正式提出

2015 年 11 月 10 日，在中央财经领导小组第十一次会议上，习近平总书记强调，在适度扩大总需求的同时，着力加强供给侧结构性改革，着力提高供给体系质量和效率，增强经济持续增长动力。这是我国从最高层第一次正式提出供给侧改革这一概念。

2015 年 12 月 18 日至 21 日，一年一度的中央经济工作会议在北京举行。会议指出，引领经济发展新常态，要努力实现多方面工作重点转变。推动经济发展，要更加注重提高发展质量和效益。稳定经济增长，要更加注重**供给侧结构性改革**。实施宏观调控，要更加注重引导市场行为和社会心理预期。调整产业结构，要更加注重加减乘除并举。推进城镇化，要更加注重以人为核心。促进区域发展，要更加注重人口经济和资源环境空间均衡。保护生态环境，要更加注重促进形成绿色生产方式和消费方式。保障改善民生，要更加注重对特定人群特殊困难的精准帮扶。进行资源配置，要更加注重使市场在资源配置中起决定性作用。扩大对外开放，要更加注重推进高水平双向开放。

会议强调，**推进供给侧结构性改革，是适应和引领经济发展新常态的重大创新，是适应国际金融危机发生后综合国力竞争新形势的主动选择，是适应我国经济发展新常态的必然要求。**

会议强调，明年及今后一个时期，要在适度扩大总需求的同时，**着力加强供给侧结构性改革**，实施相互配合的五大政策支柱。第一，宏观政策要稳，就是要为结构性改革营造稳定的宏观经济环境。积极的财政政策要加大力度，实行减税政策，阶段性提高财政赤字率，在适当增加必要的财政支出和政府投资的同时，主要用于弥补降税带来的财政减收，保障政府应该承担的支出责任。稳健的货币政策要灵活适度，为结构性改革营造适宜的货币金融环境，降低融资成本，保持流动性合理充裕和社会融资总量适度增长，扩大直接融资比重，优化信贷结构，完善汇率形成机制。第二，产业政策要准，就是要准确定位结构性改革方向。要推进农业现代化、加快制造强国建设、加快服务业发展、提高基础设施网络化水平等，推动形成新的增长点。要坚持创新驱动，注重激活存量，着力补齐短板，加快绿色发展，发展实体经济。第三，微观政策要活，就是要完善市场环境、激发企业活力和消费者潜力。要做好为企业服务工作，在制度上、政策上营造宽松的市场经营和投资环境，鼓励和支持各种所有制企业创新发展，保护各种所有制企业产权和合法利益，提高企业投资信心，改善企业市场预期。要营造商品自由流动、平等交换的市场环境，破除市场壁垒和地方保护。要提高有效供给能力，通过创造新供给、提高供给质量，扩大消费需求。第四，改革政策要实，就是要加大力度推动改革落地。要完善落实机制，把握好改革试点，加强统筹协调，调动地方积极性，允许地方进行差别化探索，发挥基层首创精神。要敢于啃硬骨头、敢于涉险滩，抓好改革举措落地工作，使改革不断见到实效，使群众有更多获得感。第五，社会政策要托底，就是要守住民生底线。要更好发挥社会保障的社会稳定器作用，把重点放在兜底上，保障群众基本生活，保障基本公共服务。

不仅在宏观经济把握上中央提出供给侧结构性改革，在具体的工作中，中央也具体提出供给侧结构性改革的具体要求。2015年12月24日至25日在北京召开的中央农村工作会议上就强调指出，要着力加强**农业供给侧结构性改革，提高农业供给体系质量和效率，使农产品供给数量充足、品种和质量契合消费者需要，真正形成结构合理、保障有力的农产品有效供给**。当前，要高度重视去库存、降成本、补短板。加快消化过大的农产品库存量，加快粮食加工转化；通过发展适度规模经营、减少化肥农药不合理使用、开展社会化服务等，降低生产成本，提高农业效益和竞争力；加强农业基础设施等农业供给的薄弱环节，增加市场紧缺农产品的生产。要树立大农业、大食物观念，推动粮经饲统筹、农林牧渔结合、种养加一体、一二三产业融合发展。保障国家粮食安全是农业结构性改革的基本底线，要保稻谷、小麦等口粮，保耕地、保产能，保主产区特别是核心产区的粮食生产，确保谷物基本自给、口粮绝对安全。要充分发挥多种形式农业适度规模经营在结构性改革中的引领作用，农业支持政策要向规模经营主体倾斜，同时要注重让农民分享成果。要完善粮食等重要农产品价格形成机制和收储政策，为农业结构性改革提供动力。

2016年1月4日至6日，中共中央总书记、国家主席、中央军委主席习近平来到重庆调研。他特别强调，当前和今后一个时期，**制约我国经济发展的因素，供给和需求两侧都有，但矛盾的主要方面在供给侧**。要加大供给侧结构性改革力度，重点是促进产能过剩有效化解，促进产业优化重组，降低企业成本，发展战略性新兴产业和现代服务业，增加公共产品和服务供给，着力提高供给体系质量和效益，更好满足人民需要，推动我国社会生产力水平实现整体跃升，增强经济持续增长动力。

1月16日，亚洲基础设施投资银行开业仪式在北京举行。习近平出席开业仪式并致辞，向世界宣布中国正在进行中的供给侧结构性改革。他指出，2016年是中国"十三五"时期开局之年。中国将按照创新、协调、绿色、开放、共享的发展理念，着力推动创新驱动发展，增强经济发展新动力；**着力推动供给侧结构性改革，适应和引领经济发展新常态**；着力扩大对外开放，更加注重推进高水平双向开放。中国有信心、有能力保持经济持续健康发展，为亚洲和世界各国创造更多机遇、带来更多福祉。

1月26日，中共中央总书记、国家主席、中央军委主席、中央财经领导小组组长习近平主持召开中央财经领导小组第十二次会议，研究供给侧结构性改革方案、长江经济带发展规划、森林生态安全工作。习近平发表重要讲话强调，供给侧结构性改革的根本目的是提高社会生产力水平，落实好以人民为中心的发展思想。要在适度扩大总需求的同时，去产能、去库存、去杠杆、降成本、补短板，从生产领域加强优质供给，减少无效供给，扩大有效供给，提高供给结构适应性和灵活性，提高全要素生产率，使供给体系更好适应需求结构变化。

正是在这次会议上，中央明确提出了供给侧结构性改革的根本目的和工作重点——以提高社会生产力水平为根本目的，以"去产能、去库存、去杠杆、降成本、补短板"为工作重点。

此次会议分别听取了国家发展改革委、财政部、住房和城乡建设部、人民银行、国务院国资委关于去产能、去库存、去杠杆、降成本、补短板的八个工作方案思路的汇报。领导小组成员进行了讨论。

习近平在讲话中指出，制定好方案是做好供给侧结构性改革的基础。要把思想认识统一到党中央关于推进供给侧结构性改革的决策部署上来。去产能、去库存、去杠杆、降成本、补短板是工作重点，关系到供给侧结构性改革的开局、关系到"十三五"的开局。各地区各部门要坚定信心、坚决行动，抓紧抓好抓实，切实取得实效。

如何做好方案？习近平强调，做好工作方案，一是情况要摸清，搞清楚现状是什么，深入调查研究，搞好基础数据测算，善于解剖麻雀，把实际情况摸准摸透，胸中有数，有的放矢。二是目的要明确，搞清楚方向和目的是什么，把握好手段，防止就事论事甚至本末倒置。三是任务要具体，搞清楚到底要干什么，确定的任务要具体化、可操作。四是责任要落实，搞清楚谁来干，做到可督促、可检查、能问责。五是措施要有力，搞清楚怎么办，用什么政策措施来办，政策措施要符合实际、有效有用、有操作性，让地方和相关部门知道怎么干。

紧接着，中共中央政治局1月29日下午就"十三五"时期我国经济社会发展的战略重点进行第三十次集体学习。中共中央总书记习近平在主持学习时再次强调，推进供给侧结构性改革是"十三五"发展战略重点。他指出，宏观政策要稳、产业政策要准、微观政策要活、改革政策要实、社会政策要托底的政策组合，是当前推动经济社会发展的五大支柱性政策。贯彻落实这五大政策，都要注意突出重点。**推进结构性改革特别是供给侧结构性改革，是"十三五"的一个发展战略重点。要在适度扩大总需求的同时，着力推进供给侧结构性改革，重点是去产能、去库存、去杠杆、降成本、补短板，**

增强供给结构对需求变化的适应性和灵活性，推动我国社会生产力水准实现整体跃升。

中华民族传统节日农历猴年春节来临之际，中共中央总书记、国家主席、中央军委主席习近平来到江西，看望慰问广大干部群众和驻赣部队。

2月3日上午，习近平在南昌市考察了企业、高校和社区。在江中集团江中药谷制造基地，习近平察看产品展示，视察自动化生产线和质量检测中心，并听取江西省生物医药产业发展总体情况介绍。在南昌大学，习近平视察了国家硅基 LED 工程技术研究中心实验室。这个实验室（由江风益教授牵头）研究的"硅衬底蓝色发光二极管"项目，获得 2015 年度国家技术发明奖一等奖。习近平听取实验室研究成果介绍，视察芯片制作流程，了解实验室科技创新、人才培养、产学研结合等情况，并视察了南昌光谷展厅，肯定他们攻科研难题和抓成果转化决心大、目标高、工作实、成效好。

考察期间，习近平听取了江西省委和省政府工作汇报。他指出，发展理念是发展行动的先导。发展理念不是固定不变的，发展环境和条件变了，发展理念就自然要随之而变。如果刻舟求剑、守株待兔，发展理念就会失去引领性，甚至会对发展行动产生不利影响。各级领导干部务必把思想认识统一到创新、协调、绿色、开放、共享的新发展理念上来，自觉把新发展理念作为指挥棒用好。**要着力推进供给侧结构性改革，加法、减法一起做，既做强做大优势产业、培育壮大新兴产业、加快改造传统产业、发展现代服务业，又主动淘汰落后产能，腾出更多资源用于发展新的产业，在产业结构优化升级上获得更大主动。**

2月22日，中共中央政治局召开会议，讨论国务院拟提请第十二届全国人民代表大会第四次会议审议的政府工作报告稿和审查的中华人民共和国国民经济和社会发展第十三个五年规划纲要草案稿。中共中央总书记习近平主持会议。

会议强调，"十三五"时期，要高举中国特色社会主义伟大旗帜，全面贯彻党的十八大和十八届三中、四中、五中全会精神，以马克思列宁主义、毛泽东思想、邓小平理论、"三个代表"重要思想、科学发展观为指导，深入贯彻习近平总书记系列重要讲话精神，坚持全面建成小康社会、全面深化改革、全面依法治国、全面从严治党的战略布局，坚持发展是第一要务，牢固树立和贯彻落实创新、协调、绿色、开放、共享的发展理念，**以提高发展质量和效益为中心，以供给侧结构性改革为主线，扩大有效供给，满足有效需求，加快形成引领经济发展新常态的体制机制和发展方式**，保持战略定力，坚持稳中求进，统筹推进经济建设、政治建设、文化建设、社会建设、生态文明建设和党的建设，确保如期全面建成小康社会，为实现第二个百年奋斗目标、实现中华民族伟大复兴的中国梦奠定更加坚实的基础。

会议强调，2016 年是全面建成小康社会决胜阶段的开局之年，也是推进结构性改革的攻坚之年。各级党委和政府要按照党中央部署和要求，按照"五位一体"总体布局和"四个全面"战略布局，坚持发展第一要务，坚持改革开放，坚持以新发展理念引领发展，坚持稳中求进工作总基调，适应经济发展新常态，实行宏观政策要稳、产业政策要准、微观政策要活、改革政策要实、社会政策要托底的总体思路，把握好稳增长与调结构的平衡，保持经济运行在合理区间，着力加强供给侧结构性改革，加快培育新的发展动能，**改造提升传统比较优势，抓好去产能、去库存、去杠杆、降成本、补短板，加强民生保障**，做好重点领域风险防控，努力实现全面建成小康社会决胜阶段良好开局。

会议指出，实现今年经济社会发展目标任务，要稳定和完善宏观经济政策，继续实施积极的财政政策和稳健的货币政策，创新宏观调控方式，加强区间调控、定向调控、相机调控，为经济发展和结构性改革营造稳定环境。**加强供给侧结构性改革，增强持续增长动力**。深挖国内需求潜力，开拓发展更大空间。加快发展现代农业，促进农民持续增收。推进新一轮高水平对外开放，着力实现合作共赢。加大环境治理力度，推动绿色发展取得新突破。切实保障改善民生，加强社会建设。要加强政府自身建设，提高施政能力和服务水平。

四、"供给侧结构性改革"怎么看

从 2015 年底习近平总书记提出"供给侧结构性改革"以来，如何认真学习、深刻领会、正确贯彻中央经济工作会议精神，围绕推进供给侧结构性改革这条主线，做好新一年经济工作，成为社会各界共同探讨的热点话题。"推进供给侧结构性改革，是一场硬仗""要按照'三去一降一补'要求，加快产业结构调整""在贯彻新发展理念中寻找机遇、打造亮点、拓展优势"……在 2016 年全国"两会"期间，习近平总书记在参加十二届全国人大四次会议一些代表团审议时的讲话，为供给侧结构性改革的推进指明了道路和方向，坚定了决心与信心。众多全国人大代表、全国政协委员也对此展开了热烈讨论。为此，我们采访了权威人士和"两会"上的代表、委员，听听他们的想法。

做好"加减法" 加快产业结构调整

"要把握好'加法'和'减法'、当前和长远、力度和节奏、主要矛盾和次要矛盾、政府和市场的关系，以锐意进取、敢于担当的精神状态，脚踏实地、真抓实干的工作作风，打赢这场硬仗。"3 月 8 日，习近平总书记在湖南代表团参加审议时说。

化解过剩产能是今年供给侧结构性改革的首要任务。3 月 8 日下午，围绕"积极稳妥做好去产能过程中的人员安置工作扎实推进供给侧结构性改革"的主题，全国政协十二届四次会议提案办理协商会举行。

"要大力推进社保全国统筹，真正实现在哪里就业，就在哪里参加社会保障"；"要认真兑现社会政策要托底的承诺，确保不让一名下岗职工因去产能而没饭吃"；"优化教育培训，为再就业创造更大空间"……

"80% 关于去产能的提案都与职工安置有关，这正说明做好去产能工作的复杂性。"人力资源和社会保障部副部长信长星作为提案承办单位负责人参加了协商会。"下一步将吸收建议完善政策，确保职工平稳过渡，改革顺利推进。"

"去产能非做不可，不做可能会带来更大损失；如果能按预期完成，将给经济转型升级带来巨大空间。"全国政协委员李毅中说。

"在政策与市场调整的窗口期，加快新旧动能的转换，尽快渡过阵痛期。"全国人大代表、河北省省长张庆伟说，今年河北将压减炼铁产能1000万吨、炼钢产能800万吨，力促一批产能加快出清。同时制定了详细的职工安置方案，把企业社保缴费比例由3%降到1%，向企业发放失业保险金。

"做好减法的同时，也要做好加法。"全国人大代表、经济学家辜胜阻说，供给侧结构性改革首先就是要把资源要素从产能过剩行业企业中释放出来，为新兴产业输送更多劳动力、资本和技术。

"我们已经从供给侧结构性改革中尝到了甜头。"全国人大代表、江苏阜宁县委书记顾云岭说，作为传统农业大县，近几年阜宁县推进新兴产业引领工业跨越赶超，去年风电装备销售额增长了102%，光伏产业销售额增长了62%。"未来将进一步推进供给侧结构性改革，抓住机遇，赢得更多发展空间。"

"老百姓不是没有需求，而是供应满足不了需求。"全国政协委员、天津大通投资集团董事长李占通说，中国有巨大的市场有待开发。企业要从需求出发，专业求精，做电饭锅的企业好好把电饭锅做好，做马桶盖的企业把马桶盖做好。

全国人大代表、江苏宿迁广博控股集团有限公司董事长王利平希望政府能够在供给侧结构性改革中扮演"红娘"的角色。"帮助引导企业通过并购、重组等形式强强联手，做大做强。"

创新引领发展　加快培育新动能

3月5日，习近平在参加上海代表团审议时强调，创新发展理念首要的是创新。要抓住时机，瞄准世界科技前沿，全面提升自主创新能力，力争在基础科技领域作出大的创新、在关键核心技术领域取得大的突破。要以更加开放的视野引进和集聚人才，加快集聚一批站在行业科技前沿、具有国际视野的领军人才。

"第一代服务器销路还很好，我们已投资 12 亿元研发第二代，并开始规划第三代。"全国人大代表、浪潮集团董事长孙丕恕说，为了站在产业前沿，浪潮每年将销售收入的 7% 至 8% 投向研发。"阶段性目标是提升至 10%。我们要确保核心技术和核心产品始终跑在用户需求的前面。"

全社会研发经费投入强度达到 2.5%、科技进步对经济增长贡献率达到 60%、战略性新兴产业增加值占国内生产总值比重达 15%……"十三五"规划纲要草案中提出的目标令人鼓舞。

全国人大代表、清华大学原子分子纳米科学研究中心主任李家明说，今后五年，随着科技进步对经济增长贡献率不断提升，科技创新将逐步成为全社会普遍共识，科学知识、技术能力、科学管理等创新要素将极大丰富，对国民经济形成巨大的推动力。

"创新是实实在在干出来的。"全国政协委员、重庆市科学技术研究院院长潘复生说，创新目标明确具体，创新措施针对性强，关键要实实在在推进这些措施，充分发挥科技创新在全面创新中的引领作用。

"十三五"期间，江苏省将建设具有国际影响力的产业科技创新中心和具有国际竞争力的现代制造业基地。"这是推进供给侧结构性改革的应有之义，也是企业应重点抓住的转型升级支撑。"全国人大代表、江苏省经信委主任徐一平说。

改革破除体制机制障碍　释放制度红利

3 月 7 日，习近平在黑龙江代表团参加审议时说，全面深化改革，冲破束缚各方面创造活力的体制机制障碍。

徐一平代表说，2016 年 2 月底，江苏省打出降成本"组合拳"，通过 32 条具体措施降低企业用工、用能、用地、物流、融资、税费、交易等成本，预计将为全省企业直接降低成本 600 亿元左右。

"通过改革举措，让成本降下来，企业可以将更多资金投入创新研发，推动产业链从低端迈向中高端，达到供给侧对需求侧新的平衡，让企业更好、更健康发展。"徐一平说。

供给侧结构性改革的推进，归根结底要落在"改革"二字。"我们必须用改革的办法推进结构调整，来矫正要素配置的扭曲，扩大有效供给，提高供给结构对需求变化的适应性和灵活性，这样才能更好满足人民群众需要，促进经济社会持续发展。"国家发展改革委主任徐绍史说。

"十八大以来的简政放权极大地激发了民营经济的活力。"全国政协委员、三胞集团董事长袁亚非说，过去海外投资审批，少则三个月，多则一年。但2014年三胞集团收购一家英国公司时，从申报到完成审批，只用了两个多月。"这样的审批效率连外国人都很吃惊。"

全国政协委员、清华大学教授白重恩说，推进供给侧结构性改革，根本还是要让企业真正成为市场的主体。"提高供给侧效率和质量，需要简政放权来使规则公平透明，需要让市场发挥决定性作用，让企业在优胜劣汰中找到发展方向，也需要政府更好发挥作用，创造公平良好的市场环境。"

全国政协委员、林达集团董事局主席李晓林说，中小企业融资难，融资贵；电力、通信、石油、天然气等行业准入门槛依然较高；行政事业性收费和中介收费虽取消了不少，但还存在一些问题。"相信通过改革向深入推进，这些问题一定能够解决。一个更加有利于创业创新的新时期将伴随着'十三五'大步前行。"

权威部门的权威解读

2016年年初，权威人士对"供给侧结构性改革"作了权威解读和阐释。

1. 如何正确理解"供给侧结构性改革"的政策含义？

——推进供给侧结构性改革，既有明确的理念，也有清晰的思路，还有具体的任务。要坚定地干、大胆地干、扎实地干、精准地干、决不回头地干。

——不是实行需求紧缩，供给和需求两手都得抓，但主次要分明，当前要把改善供给结构作为主攻方向。

——不是搞新的"计划经济"，而是为了更好发挥市场在资源配置中的决定性作用，明确政府的权力边界。

权威人士：对于供给侧结构性改革，现在有各种解读。从国情出发，我们不妨用"供给侧＋结构性＋改革"这样一个公式来理解，即从提高供给质量出发，用改革的办法推进结构调整，矫正要素配置扭曲，扩大有效供给，提高供给结构对需求变化的适应性和灵活性，提高全要素生产率，更好满足广大人民群众的需要，促进经济社会持续健康发展。

推进供给侧结构性改革，既有明确的理念，也有清晰的思路，还有具体的任务。各地区各部门要按照创新、协调、绿色、开放、共享的五大发展理念的要求，适应经济发展新常态，实行宏观政策要稳、产业政策要准、微观政策要活、改革政策要实、社会政策要托底的总体思路，围绕去产能、去库存、去杠杆、降成本、补短板"五大重点任务"，坚定地干、大胆地干、扎实地干、精准地干、决不回头地干。

正确理解供给侧结构性改革，要消除两种误解：

一种误解是，认为推进供给侧结构性改革就是实行需求紧缩。供给和需求不是非此即彼的关系，两者互为条件，相互转化，两手都得抓，但主次要分明。当前经济周期性矛盾和结构性矛盾并存，但主要矛盾已转化成结构性问题。因此，必须在适度扩大总需求和调整需求结构的同时，着力加强供给侧结构性改革，把改善供给结构作为我们的主攻方向，实现由低水平供需平衡向高水平供需平衡跃升。当然，推进供给侧结构性改革过程中，需要营造稳定的宏观环境，在需求政策上，既不能搞强刺激，也要防止出现顺周期紧缩。

还有一种误解是，认为推进供给侧结构性改革是搞新的"计划经济"。恰恰相反，供给侧结构性改革就是要充分发挥市场在资源配置中的决定性作用，通过进一步完善市场机制，矫正以前过多依靠行政配置资源带来的要素配置扭曲。为此，要调整各类扭曲的政策和制度安排，进一步激发市场主体活力，更好发挥市场在资源配置中的决定性作用，这是社会主义市场经济在新形势下的完善和深化，绝不是要回到计划经济的老路上。过去正是由于市场机制的作用发挥得不够，政府干预过多，导致市场不能及时出清，引发各种结构性矛盾。比如，一些没效益的"僵尸企业"，有些地方非要硬撑着给贷款、给补贴。

当然，下好供给侧结构性改革这盘大棋，也要更好发挥政府这只手的作用。当前最重要的是明确政府的权力边界，以自我革命的精神，在行政干预上多做"减法"，把"放手"当作最大的"抓手"。同时，"放手"不是"甩手"，政府也要切实履行好宏观调控、市场监管、公共服务、社会管理、保护环境等基本职责。扩大开放是改革的题中之义，我们要创造更好的投资环境，吸引更多的外资。现在，美欧等发达国家都在吸引我国的投资，我们有什么理由认为我国的外资多了！

2. 当前为什么要强调供给侧结构性改革？

——从"三期叠加"到"新常态"，再到供给侧结构性改革，是一个不断探索、深化认识的过程。

——推进供给侧结构性改革，是正确认识经济形势后选择的经济治理药方。不论主观上怎么想，都不能违背客观规律。不抓紧转变，总有一天会走进死胡同。

——"四降一升"等突出矛盾和问题主要是结构性的。在当前形势下，国民经济不可能通过短期刺激实现 V 型反弹，可能会经历一个 L 型增长阶段。解决中长期经济问题，传统的凯恩斯主义药方有局限性，根本之道在于结构性改革。

推进供给侧结构性改革，是以习近平同志为总书记的党中央在综合分析世界经济长周期和我国发展阶段性特征及其相互作用的基础上，集中全党和全国人民智慧，从理论到实践不断探索的结晶。

从"三期叠加"到"新常态"，再到供给侧结构性改革，是一个不断探索、深化认识的过程。2013 年，中央认为我国经济进入"三期叠加"阶段，明确了我们对经济形势应该"怎么看"。2014 年，中央提出经济发展"新常态"，对此作了系统性理论论述，既进一步深化了"怎么看"，又为"怎么干"指明了方向。2015年，中央财经领导小组第十一次会议提出要推进"供给侧结构性改革"，既深化了"怎么看"和"怎么干"的认识，又进一步明确了主攻方向、总体思路和工作重点。2015年12月召开的中央经济工作会议，对供给侧结构性改革从理论思考到具体实践，都做了全面阐述，从顶层设计、政策措施直至重点任务，都做出了全链条部署。

推进供给侧结构性改革，是大势所趋、形势使然。这是正确认识经济形势后，选择的经济治理药方。我国经济正从粗放向集约、从简单分工向复杂分工的高级形态演进，这是客观要求。我们不论主观上怎么想，都不能违背客观规律。粗放型经济发展方式曾经在我国发挥了很大作用，但现在再按照过去那种粗放型发展方式来做，不仅国内条件不支持，国际条件也不支持，是不可持续的。不抓紧转变，总有一天会走进死胡同。这一点，一定要认识到位。要发挥我国经济巨大潜能和强大优势，必须加快转变经济发展方式，加快调整经济结构，加快培育形成新的增长动力。通过转变经济发展方式实现持续发展、更高水平发展，这是中等收入国家跨越"中等收入陷阱"必经的阶段。

推进供给侧结构性改革，是问题倒逼、必经关口。处于转型期的中国，经济发展长期向好的基本面没有变，经济韧性好、潜力足、回旋余地大的基本特征没有变，经济持续增长的良好支撑基础和条件没有变，经济结构调整优化的前进态势没有变。但在前进的道路上，我们必须破除长期积累的一些结构性、体制性、素质性突出矛盾和问题。这些突出矛盾和问题近期主要表现为"四降一升"，即经济增速下降、工业品价格下降、实体企业盈利下降、财政收入增幅下降、经济风险发生概率上升。这些问题主要不是周期性的，而是结构性的。比如，如果产能过剩这个结构性矛盾得不到解决，工业品价格就会持续下降，企业效益就不可能提升，经济增长也就难以持续。目前，我国相当多的产能是在世界经济增长黄金期面向外需以及国内高速增长阶段形成的，在应对国际金融危机冲击中一些产能又有所扩大，在国际市场增长放缓的情况下，仅仅依靠刺激国内需求难以解决产能过剩问题，这就相当于准备了两桌饭，就来了一桌客人，使劲吃也吃不完。这个问题不仅我们遇到了，其他国家也遇到了。认识供给侧结构性改革，说到底，就是要看到在当前全球经济和国内经济形势下，国民经济不可能通过短期刺激实现 V 型反弹，可能会经历一个 L 型增长阶段。致力于解决中长期经济问题，传统的凯恩斯主义药方有局限性，根本解决之道在于结构性改革，这是我们不得不采取的重大举措。

3. 推进供给侧结构性改革是适应和引领经济发展新常态的重大创新，各项工作重点应该怎样转变？

——以"十个更加注重"为标尺，对不上的事不能再干，对得上的事要加把劲干、创造性地干。化大震为小震，积小胜为大胜。

中央经济工作会议提出，适应和引领经济发展新常态，推进供给侧结构性改革，要努力实现十个方面工作重点的转变。这就是：推动经济发展，要更加注重提高发展质量和效益；稳定经济增长，要更加注重供给侧结构性改革；实施宏观调控，要更加注重引导市场行为和社会心理预期；调整产业结构，要更加注重加减乘除并举；推进城镇化，要更加注重以人为核心；促进区域发展，要更加注重人口经济和资源环境空间均衡；保护生态环境，要更加注重促进形成绿色生产方式和消费方式；保障改善民生，要更加注重对特定人群特殊困难的精准帮扶；进行资源配置，要更加注重使市场在资源配置中起决定性作用；扩大对外开放，要更加注重推进高水平双向开放。

在工作实践中，各地区各部门都要以"十个更加注重"为标尺，对不上的事不能再干，对得上的事要加把劲干。比如，放水漫灌强刺激、盲目扩建新城区以及强化行政对资源配置的干预等事情不能再干了，投资没回报、产品没市场、环境没改善等项目不能再上了。相反，有利于引导社会心理、化解产能过剩、提升技术水平、加快人口城镇化、促进要素自由流动、提高扶贫精准度等事情要使劲地干，创造性地干，拙劲加巧劲地干，努力化大震为小震，积小胜为大胜。

4. 推进供给侧结构性改革，如何正确把握宏观经济政策的总体思路？

——宏观政策要稳、产业政策要准、微观政策要活、改革政策要实、社会政策要托底。"五大政策支柱"整体融合、有机结合、相互配合，为推进供给侧结构性改革营造更好的环境和条件。

前面说到，当前和今后一个时期，要在适度扩大总需求的同时，着力加强供给侧结构性改革，实施"五大政策支柱"，即宏观政策要稳、产业政策要准、微观政策要活、改革政策要实、社会政策要托底。这"五大政策支柱"的具体内容已经公布并得到各方面广泛认可，但如何更加准确地加以把握还需要进一步明确。"五大政策支柱"整体融合、有机结合、相互配合，旨在为推进供给侧结构性改革营造更好的环境和条件：

宏观政策要稳，就是要为结构性改革营造稳定的宏观经济环境。要坚持积极的财政政策和稳健的货币政策，但重点和力度有所调整。积极的财政政策要加大力度，对企业实行减税，并用阶段性提高财政赤字率的办法弥补收支缺口。稳健的货币政策要灵活适度，主要体现在为结构性改革营造适宜的货币金融环境，降低融资成本，既要防止顺周期紧缩，也绝不要随便放水，而是针对金融市场的变化进行预调微调，保持流动性合理充裕和社会融资总量适度增长。

产业政策要准，就是要按照结构性改革的方向和要求，通过功能性的产业政策加以引导，而不是政府去确定具体项目，或选择把钱投向哪一家企业，具体的投资机会还要由企业家来摸索和把握。实践证明，市场的选择是最有效益的。现在成功的民营企业有哪一家是政府扶持的？都是在市场经济大潮中闯出来的。正所谓"有心栽花花不开，无意插柳柳成荫"。

微观政策要活，就是要把企业真正当作经济发展的主体，"放水养鱼"，让企业去创造有效供给和开拓消费市场。

改革政策要实，就是要一项一项出台、一项一项督导，让各项具体改革举措落地，促进供给侧结构性改革重大决策的落实。

社会政策要托底，就是要从思想、资金、物资等方面有充分准备，切实守住民生底线，为供给侧结构性改革提供更和谐稳定的社会环境。

5.供给侧结构性改革的重点任务是什么？

——完成好去产能、去库存、去杠杆、降成本、补短板"五大重点任务"，既要有绵绵用力、久久为功的韧劲，也要有立说力行、立竿见影的狠劲。

——做好"加减乘除"。长期看各项任务都有利于增强发展动力，短期看不同任务之间有"对冲"作用，必须全面推进，并把握好"度"。当务之急是斩钉截铁处置"僵尸企业"，坚定不移减少过剩产能，让"僵尸"入土为安。

——病根都是体制问题，都要依靠改革创新来化解。

推进供给侧结构性改革，战略上我们要着眼于打好持久战，坚持稳中求进，把握好节奏和力度；战术上我们要抓住关键点，致力于打好歼灭战，主要是抓好去产能、去库存、去杠杆、降成本、补短板"五大重点任务"。完成这"五大重点任务"，既需要有绵绵用力、久久为功的韧劲，也需要有立说力行、立竿见影的狠劲，确保2016年过剩产能和房地产库存减少，企业成本上涨和工业品价格下跌势头得到遏制，有效供给能力有所提高，财政金融风险有所释放。

完成好"五大重点任务"要做好"加减乘除"。"五大重点任务"是一个系统设计，要着力在"优化存量、引导增量、主动减量"上下功夫。从长期看，各项任务都有利于增强发展动力；从短期看，不同任务之间又具有"对冲"作用。比如，化解房地产库存对增长是明显的"加法"，可以减缓去产能带来的"减法"效应。而去产能又会调整供求关系，防止出现宏观经济通缩效应。因此，"五大重点任务"必须全面推进。当然，落实到一个地区，又会有所侧重，关键在于把握好"度"。当前，做"加法"相对容易理解，做"减法"困难会大一些，但必须做下去。当务之急是斩钉截铁处置"僵尸企业"，坚定不移减少过剩产能，让"僵尸"入土为安，腾出宝贵的实物资源、信贷资源和市场空间。"僵尸企业"本来已"死"在那里，就不要再维持了。旧的不去，新的不来，这是事物新陈代谢的客观规律，是社会主义市场经济竞争性原则的要求，要敢于和善于进行这种"创造性创新"。

完成好"五大重点任务"要全面深化改革。"五大重点任务"的具体内容非常多，但病根都是体制问题。无论是处置"僵尸企业"、降低企业成本、化解房地产库存、提升有效供给，还是防范和化解金融风险，解决的根本办法都得依靠改革创新。比如，降低企业制度性交易成本、减轻税费负担、降低资金成本，必须减少行政审批，改革财税、金融体制；扩大有效投资补短板，必须改革财税、金融、投融资体制，才能解决"钱从哪里来，投到哪里去"的问题。同时要看到，完成这些重点任务，本质上是一次重大的创新实践，只有进行顶层设计创新、体制机制创新，不失时机地进行技术创新，才可能有效推动这次重大的结构性改革。

6. 有人担心，推进供给侧结构性改革会带来一定的社会冲击，社会能否承受？

——阵痛不可避免，但也是值得的。适当的后退是为了更好地前进。只有退够，才能向前。

——只要处理得当，阵痛不会很大，可以承受。但对于推进过程中产生的矛盾和冲击，切不可大意，具体政策要有序配套、稳妥实施。

——窗口期不是无休止的，问题不会等我们，机遇更不会等我们。供给侧结构性改革拖不得、等不起，否则"病情"会越来越严重。

推进供给侧结构性改革，特别是化解过剩产能、处置"僵尸企业"，必然会带来一些冲击，而且这些冲击很可能会从经济领域延伸到社会领域。对此，我们可以从以下几个角度来把握：

阵痛是不可避免的，但也是值得的。我国处在结构调整的阵痛期，地区、行业、企业发展出现明显分化，可谓几家欢乐几家愁。在推进供给侧结构性改革过程中，不可能皆大欢喜，产业会此消彼长，企业会优胜劣汰，就业会转岗换岗。特别是眼下一些发愁的企业可能会更愁，甚至关门倒闭，引发职工下岗失业、收入降低等。但这种阵痛是一朝分娩的阵痛，是新的生命诞生和充满希望的阵痛，是新陈代谢、是凤凰涅槃，这是值得的！适当的后退是为了更好地前进。只有退够，才能向前。正如老子所言："明道若昧，进道若退。"拿"僵尸企业"来说，是等着这类企业把行业中的优质企业拖垮，最后一起死，还是快刀斩乱麻，处置这类企业从而腾出必要的市场资源和空间？显然，必须尽快处置"僵尸企业"，实现经济发展质量和效益的整体提升。

阵痛是可以承受的，但切不可大意。相比20世纪90年代，现在我国的实力相当雄厚，经济发展基本面好，新动力正在强化，新业态不断出现，前景是光明的，经济不会出现断崖式下跌。社会就业形势、财力规模、保障制度有了很大进步，抗风险能力强，只要处理得当，虽有阵痛，但不会很大，不会出现大规模的下岗失业问题。特别是人民群众对我们优化产业结构、提升发展效益是理解的、支持的，对我们改善发展质量、产品质量、空气质量是充满期待的，这是我们最大的底气。同时，对于推进过程中产生的矛盾和冲击，切不可大意。具体推进的政策要有序配套、稳妥实施。比如，处置"僵尸企业"，要尽可能多兼并重组、少破产清算，对破产企业尽量实行"安乐死"。要高度重视、全力做好职工安置工作，防范引发社会风险。更加细致地做好社会托底工作，比如，个别产能过剩严重的地区会出现职工集中下岗和财政支出困难，要深入细致地研究和实施配套措施，认真拿出因应之策。

需要强调的是，供给侧结构性改革有一个窗口期，但窗口期不是无休止的，问题不会等我们，机遇更不会等我们。今天不以"壮士断腕"的改革促发展，明天就可能面临更大的痛苦。所以，供给侧结构性改革是不得不迈过的坎，是不得不闯过的关，这项改革拖不得、等不起，必须加快步伐、加紧推进，避免"病情"越来越严重。

7. 如何确保供给侧结构性改革取得预期成效？

——目前对于新常态的认识有三种情况，大家都要照照镜子，认识不到位的要尽快抓提高，思想不适应的要尽快换脑筋。

——当断不断，必受其乱。要勇于做得罪人的事，否则过得了初一过不了十五，把包袱留给后面，将来会得罪天下老百姓。

——排除干扰，心无旁骛，学好用好中国特色社会主义政治经济学，牢牢把握几个重大原则，形成推进供给侧结构性改革的整体合力。

毫无疑问，这不是一件轻松的事，也不可能一蹴而就，更要避免投机取巧。我们只有深化认识、下定决心，硬碰硬地干下去，才能取得实实在在的成效。

认识新常态、适应新常态、引领新常态，是当前和今后一个时期我国经济发展的大逻辑。从目前情况看，对这个大逻辑的认识有三种情况：

第一种是认识逐步深入，适应更加主动，引领已经开始。这种情况在不断增加，这是好的。

第二种是认识还不到位，一知半解，适应不太主动，引领基本无为，流于口号化。这种情况还比较普遍。

第三种是很不适应，没有摆脱"速度情结""换挡焦虑"的思维定势，结果行动上自觉不自觉逆向而行。

大家都要照照镜子，往第一种靠拢，认识不到位的要尽快抓提高，思想不适应的要尽快换脑筋。提高认识后，还要靠扎实的工作和顽强的毅力来完成这个历史责任。当断不断，必受其乱。在推进过程中，要勇于做得罪人的事，否则过得了初一过不了十五，结果延误了窗口期，把包袱留给后面，将来会得罪天下老百姓。1998年我们也面临外需低迷、内需不足、产能过剩的困境，当时顶住压力，纺织业实行大规模限产压锭，才有了后来经济的强劲增长，才有了今天综合国力的持续增强。

推进供给侧结构性改革，必须加强和改善党对经济工作的领导，排除干扰，心无旁骛，牢牢把握住中国特色社会主义政治经济学的几个重大原则：

一是坚持解放和发展社会生产力。社会主义初级阶段的最根本任务就是解放和发展社会生产力，这是中国特色社会主义政治经济学的核心，任何束缚和阻碍社会生产力发展的言行都背离社会主义本质要求，必须坚决反对。要始终坚持以经济建设为中心不动摇，主动研究发展规律，不断推进科学发展，持续改善人民生活。

二是坚持社会主义市场经济改革方向。深化经济体制改革的主线，是让市场在资源配置中起决定性作用，这是生产力能否解放好、发展好以及供给侧结构性改革能否取得成效的重大原则性问题。对于政府作用，强调"更好发挥"，不是"更多发挥"，要集中精力抓好那些市场管不了或管不好的事情。

三是坚持调动各方面积极性。人是生产力中最活跃的因素，必须充分调动人的积极性，充分调动中央和地方两个积极性，这是改革开放以来的重要经验。当前，要注重调动企业家、创新人才、各级干部的积极性、主动性、创造性。为企业家营造宽松环境，用透明的法治环境稳定预期，给他们吃定心丸。要为创新人才建立完善激励机制，调动其积极性。对各级干部，要坚持激励和约束并举，既坚持党纪国法的"高压线"，也要重视正面激励，完善容错纠错机制，旗帜鲜明给那些呕心沥血做事、不谋私利的干部撑腰鼓劲。

总之，我们要学好用好中国特色社会主义政治经济学，把各方面的力量凝聚起来，形成推进供给侧结构性改革的整体合力。

五、"供给侧结构性改革"的全球视野和意义

2016 年 2 月 26 日，G20（二十国集团）首次财长和央行行长会议在中国上海开幕，来自成员国、受邀嘉宾国的财长和央行行长、国际组织负责人等约 700 人出席了此次会议。这是中国接任 2016 年 G20 主席国后召开的首个高级别会议。会议围绕八大议题发表了联合公报，各方同意需采取更多行动应对全球经济面临的挑战。而在这些共识和行动中，"结构性改革""基建投资"等表述，跟中国经济的改革步伐颇为同步。

会议期间，中国财政部与国际货币基金组织（IMF）、经济合作与发展组织（OECD）联合主办了 G20 结构性改革高级别研讨会，聚焦世界经济面临的主要结构性挑战，以及改革的重点领域和优先方向。中国、德国、印度、墨西哥、西班牙等部分 G20 成员还分享了各自推进结构性改革的国别经验。

全球经济下行风险高恢复增长须深化结构性改革

当前全球经济面临严峻挑战。今年 1 月，IMF 将 2016 年全球经济增长预

估从 3.6% 下调至 3.4%，OECD 则将 2016 年全球经济增速从 3.3% 下调至 3.0%。

IMF 总裁拉加德认为，当前不确定性和下行压力给全球经济复苏带来了风险，全球目前面临诸多挑战。

在拉加德看来，地缘政治风险是面临的风险之一，其中包括欧洲难民问题。而且，地缘政治风险难以预测，也很难统计衡量，但它的确对经济有溢出效应。信贷周期风险、资本外流以及大宗商品价格（包括油价）下跌是经济领域出现的风险。拉加德称，信贷的风险与过去多时的货币政策不无关系，美联储已经加息 0.25 个点，但何时加息、加息路径等均不得而知。国际油价在过去 18 个月暴跌 70%，这对于新兴经济体中的大宗商品制造国、出口国的货币汇率估值影响巨大，其中一些国家货币在过去 12 个月贬值幅度达到 60% 至 70%。

拉加德坦言，IMF 1 月份把今明两年全球经济的增速预期均下调了 0.2%，这是因为这些下行风险成为现实的可能性比预期的高，全球经济放缓的速度也比此前预期的高。尽管经济增长还是切实存在的，市场有些反应过度了，但是现在市场的恐慌情绪也高于应该有的程度。

值得注意的是，就在 G20 上海会议前夕，IMF 发布报告警告全球经济复苏有脱轨的风险。对此，拉加德呼吁，应对当前的全球经济局势，政策制定者们在此次 G20 会议上不需要发明新戏法、给出新处方，他们只需要落实好此前的承诺。

她认为，G20 需要在供给侧和需求侧同时推行相互加强的一系列政策，他们应该大胆行动、全方位行动、共同行动。

中国财政部部长楼继伟表示，当前全球最突出的问题在于失业问题突出、贸易和投资低迷，虽然经济短期下行和转型密切相关，但更深层原因是全球经济增长中长期的结构问题。

楼继伟说，如何破解难题、增强经济内生动力、恢复全球经济活力，是我们共同面临的挑战，也是中国财政部与 IMF 和 OECD 联合主办本次研讨会的目的和宗旨。促进强劲、可持续、平衡增长的根本途径是深化结构性改革，结构性改革与宏观经济的关系已在许多理论研究和国别实证分析中得到确认。

"整体来看，近几年 G20 对结构性改革的重视程度不断加大，并做出了许多政策努力。2014 年布里斯班峰会上各方围绕就业、投资、贸易和竞争等领域制定了千余项促进增长的政策措施，其中包括数百项结构性改革承诺。"楼继伟说，但总体上，G20 结构性改革进展仍落后于预期，仍需进一步加强。

如何提振全球经济增长？这次会议上，G20 的财长和央行行长们给出的一个答案是"结构性改革"。在公报中，多次出现这方面的内容。比如"重申发挥宏观经济政策和结构性改革相辅相成的作用"，再比如"加快结构性改革将提升中期潜在增长"。

楼继伟在此次 G20 结构性改革高级研讨会的开幕致辞中表示，当前全球经济正面临着挑战，IMF 下调了全球经济增长速度至 3.4%，如何增强经济的内生动力、恢复经济的活力是 G20 面临的挑战，也是举办本次研讨会的目的与宗旨。任何一个国家发展到中后期，深化结构性改革，提高全要素生产率是十分重要的。结构性改革涉及多个方面，楼继伟认为，改革的重点应该放在促进贸易与投资、推进劳动力市场改革、鼓励创新，完善对技术的保护制度，促成新的科技革命和产业革命以及提高财政可持续性这几个领域。

OECD 秘书长古里亚对楼继伟的发言表示了认同，他补充指出，当前全球业务产生与投资的增长速度都在下降，各国都需要创建、协调政策来促进贸易与投资的增长。同时，根据调查，全球 250 个跨国企业占据了 50% 的技术研发，创新技术对于未来知识的传播非常重要。因此，加大企业创新力度，也是重要、紧迫的领域。针对不同的企业，可以通过税收减让或者直接投资的方式进行鼓励。这就需要对各项政策进行设计，建立健康的竞争环境。

为了体现结构性改革的重要性，中国、西班牙、墨西哥、印度的政府官员在研讨会上分享了各自国家改革的经验与心得。中国国务院发展研究中心前副主任刘世锦表示，中国供给侧改革中去产能的部分尤为重要，中国的煤炭、钢铁等行业都是按需销售与生产的，去产能并不会影响到产量。假如产能过剩，一旦产量回升，将对价格上升带来阻力。同时，在去产能的过程中，对员工进行安置，会让劳动力市场更具灵活性，因此，去产能对中国来说是具有扩张性意义的。其次，进一步的实质性的供给侧改革也将会释放中国的潜在需求，例如对小微企业放松管制、推进城市化进程等。供给侧改革不仅仅是单纯的改革，还具有问题导向的意义。

IMF 总裁拉加德积极肯定了中国的结构性改革，她在会议上表示，结构性改革是获得强劲与持续增长的动力，也是 IMF 致力的目标之一。中国并不是唯一进行结构性改革的国家，G20 国家都在进行不同程度的结构性改革。但中国的这场结构性改革对促进世界经济的稳定与繁荣非常重要，将会改善全球市场对于经济与金融的信心。

结构性改革是中国深化经济改革的思路，围绕结构性改革，我们提出"转方式、调结构"，还强调要进行"供给侧改革"。那么，为什么 G20 也如此看重"结构性改革"呢？

国务院参事室特约研究员姚景源表示，无论是发展中国家还是发达国家，这些年当中，结构上都存在诸多的深层次问题。现在看来，他们也看到了我们中国转方式、调结构取得的成就。所以大家还是形成了一致的意见，就是说还是要在结构政策上下大的功夫。

加强改革行动的顶层设计各国需加强政策协调

那么，结构性改革包括哪些重点，该如何有效推进？楼继伟说，G20 首先要加强改革行动的顶层设计，制定 G20 结构性改革的优先领域和一般原则。结合全球主要结构性挑战，以及 G20 现有的重点改革承诺，楼继伟认为可以从以下几方面进行深入探讨：

一是促进贸易和投资。最近两年，国际贸易和对外直接投资增速显著低于危机前水平。G20 应通过努力减少市场准入障碍，消除跨境贸易和投资的税收壁垒，提高劳动力市场灵活性等途径提高私人部门投资意愿，促进贸易发展，努力恢复全球经济的传统增长动力。

二是推动劳动力市场改革。受老龄化等因素影响，全球劳动力供给的结构正在发生变化，劳动参与率呈下降趋势，楼继伟说，G20 应努力打破劳动力市场分割，降低就业壁垒，鼓励劳动力流动性。他表示，除此之外同时应加大教育投入，提高教育质量。

三是鼓励创新。一方面要继续加大对技术进步的支持，包括完善技术创新的激励和保护制度与非制度性安排，促成新的科技革命和产业革命的到来；另一方面，要进行必要的制度性创新。这既包括在国别层面对财税、产业监管、社保、产权保护、知识产权等一系列领域进行制度改革和创新，也包括在国际层面进一步推动货币、贸易和投资、金融、税收等多边体系改革，改善全球经济治理。

四是提高财政可持续性。危机后，全球政府债务规模之大、持续时间之长史无前例，对于金融稳定和市场信心均有重要影响，一定程度上已成为全球经济中的结构性问题。中长期看，G20 需要确保债务可持续性，逐步恢复财政政策空间，为经济持续增长奠定基础。此外，各国还普遍面临基础设施、竞争、金融改革、环境可持续性等方面的中长期挑战，也应作为下一步推进结构性改革的重要领域。

楼继伟表示，G20 还应加强对改革进展与成效的监测分析，更好地推进落实各项改革承诺。目前 G20 对结构性改革政策承诺的进展以定性分析为主，缺少量化评估手段，评估结论不够明确直观。为此，G20 可考虑通过一套结构性指标构建量化分析框架，一方面可以相对客观地衡量改革在经济、社会、环境等方面带来的整体效益；另一方面也可以较为直观地总结一国各领域结构性改革进展与不足，并为下一步改革行动提供参考和指导。

OECD 秘书长古里亚代表 OECD 正式发布 2016 年经济政策改革报告，指出了各国推动结构性改革存在的问题。就结构性改革而言，虽然每个国家的"改革食谱"不同，但"主料"都包括改善产品市场竞争、劳动力市场灵活性、金融市场冲击力以及消除跨境贸易和投资方面的障碍。结构性改革步伐自 2011 年起日益放缓，取得的进展远远低于预期，"甚至比我们制定这一战略之初还低"。在古里亚看来，需要反思结构性改革政策支离破碎、不协调等问题。

目前，不同国家和不同政策领域改革步调不一。南欧国家总体改革步伐快于北欧；欧洲之外，改革步伐较快的包括有日本、中国、印度和墨西哥。有与会专家指出，各国政策制定者都由自己主导制定政策，但彼此之间不协调，这会影响结构性改革效果，因此需要成员国之间的货币、财政等政策协调。

除了协调性，平衡性问题也引起高度关注，即如何处理中长期结构性改革带来的短期成本。比如提高劳动力成本灵活性可能就造成劳动力流失，再如在"艰难"关头推进改革往往造成暂时性经济增速下滑。"政策选择上如何平衡非常重要。"IMF 有关负责人发言时表示，因此需要明确哪些政策先执行、哪些政策可以推后，还需要明确哪些配套措施必须及时跟进，以带来平稳有效的经济增长。

楼继伟说，当前 G20 各成员应密切关注并应对短期经济金融风险，采取必要措施保证世界经济强劲可持续平衡增长；协同一致推进结构性改革，形成改革合力；促进基础设施互联互通，进一步增加全球总需求；继续完善全球金融体系，推动全球金融体系改革，落实推进国际税收合作等。他表示，中方愿与 G20 各方一起，推动 G20 财金渠道锁定各项成果，为世界平衡经济增长做出积极贡献。

世界银行行长金墉表示，尽管经济增速放缓，但中国正在推进的一系列结构性改革举措，如推进环境保护和绿色发展、鼓励技术创新、大力发展教育等都将激发新的增长动能。这无疑将推动中国经济未来持续健康发展。作为世界上最大的发展中国家，中国未来将在全球扮演更重要的领袖角色。而倡导成立亚投行等多边国际机构、担任 G20 主席国等，都表明中国正朝这一方面积极迈进。

链接 1

李克强在二十国集团财长和央行行长会议上的视频讲话
（文稿，2016 年 2 月 26 日）

尊敬的各位代表，女士们，先生们：

今年，中国首次担任二十国集团（G20）主席国，这也是 G20 财长和央行行长会议第一次在华举行。首先，我代表中国政府，向各位来宾表示热烈欢迎！

当前，世界经济复苏与增长依然乏力，全球贸易低位徘徊，国际金融市场震荡不已，不稳定、不确定因素明显增多。国际社会更加期待 G20 发挥领导力，推动解决面临的突出问题，为世界经济复苏和增长注入动力。年内在杭州举办的 G20 峰会将围绕"创新、活力、联动、包容的世界经济"这一主题，凝聚共识，推进合作，采取行动。相信财政金融渠道的系列会议能够为峰会的成功作出贡献。

——我们要加强宏观经济政策协调。全球经济金融形势越是严峻复杂，就越是需要各国同舟共济，共克时艰。G20 成员国在制定本国宏观经济政策时，既要考虑促进自身增长，也要考虑外溢性影响，加强相互的沟通和协调，共同维护和促进国际金融市场稳定。

——我们要推进结构性改革。应对国际金融危机的实践证明，靠量化宽松政策难以冲破制约增长的结构性障碍，也可能带来较多的负外部效应，着力点还是应该放在推进结构性改革上。在这方面，各国的情况和做法有所不同，总的方向应该是支持创新，放松管制，鼓励竞争，扩大开放，激发经济增长的活力。

——我们要完善全球经济金融治理。前不久，国际货币基金组织份额改革取得了积极进展。希望 G20 成员继续推动国际金融机构改革，完善国际货币体系，深化国际税收合作，构建更加公平、公正、开放的国际经济体系。

女士们，先生们！

中国作为最大的发展中国家，同各国一道为世界经济增长作出了重要贡献。去年，中国国内生产总值增长 6.9%，这是在经济总量超过了 10 万亿美元的高基数上取得的，在主要经济体中位居前列，特别是结构调整取得积极进展，服务业所占份额超过 50%，消费对经济增长的贡献率大幅提升。一个最大的亮点是，城镇新增就业人口超过 1300 万，这其中包括数百万应届高校毕业生。中国经济增长速度放缓，但就业稳定，而且有所增加。这表明中国在培育新动能、发展新经济方面已经取得明显成效。

面对复杂的国际国内形势，我们将坚定信心，正视困难。我们不忽视存在的风险和挑战，会综合施策，进一步发挥好中国经济潜力巨大、韧性很强、回旋余地广阔的优势，在适度扩大总需求的同时，着力加强结构性改革，尤其是供给侧结构性改革，持续推进简政放权、放管结合、优化服务等改革，实施创新驱动发展战略，深入推动大众创业、万众创新，把亿万民众的积极性和创造力调动起来，激发市场活力和社会创造力，不断壮大新的发展动能，改造和提升传统动能。

我们将坚持推进金融市场化改革和法治化建设，积极培育公开透明、长期稳定健康发展的资本市场。实行以市场供求为基础，参考一篮子货币，有管理的浮动汇率机制。人民币汇率不存在持续贬值的基础，将在合理均衡的水平上保持基本稳定。中国经济的发展和改革开放的持续推进，也将为中国金融市场稳定运行提供坚实的支撑。

女士们，先生们！

中国人民刚刚欢度了新春佳节。一年之计在于春。希望大家携手扎实推进财政金融合作各项议程，充分发挥 G20 作为"国际经济合作主要平台"的优势，为世界经济实现强劲、可持续、平衡增长作出不懈的努力。

预祝本次会议圆满成功！谢谢大家！

链接 2

凝聚结构性改革共识　促进世界经济增长
——财政部部长楼继伟在 G20 结构性改革高级别研讨会上的讲话
（2016 年 2 月 26 日）

尊敬的 G20 各国代表，各位来宾，女士们，先生们：

欢迎大家来到美丽的上海，参加 G20 结构性改革高级别研讨会！

当前，全球经济依然面临严峻挑战。国际货币基金组织（IMF）在新年伊始将全球经济增长率从 3.6% 下调至 3.4%，其他重要国际组织普遍下调了对 2016 年全球经济增速的预测。在此背景下，促进"强劲、可持续、平衡增长"仍是 G20 的一项重要任务。

面对持续低迷的全球经济，G20 国家加强政策协调与应对至关重要。正如习近平主席在 G20 安塔利亚峰会上指出的，我们要找准病灶，对症下药。全球低增长困境是表象，体现为总需求不振、失业问题突出、债务高企、贸易和投资低迷等。虽然其与周期性因素和短期下行风险密切相关，但更深层次原因则源于全球经济的中长期结构性问题。特别是危机后各主要经济体全要素生产率增速放缓，潜在产出水平下降，成为制约全球经济回归强劲增长的根本性问题。如何破解这一难题，增强经济内生动力，恢复全球经济活力，是我们共同面临的挑战，也是中国财政部与 IMF 和 OECD 联合主办本次研讨会的目的和宗旨。

促进强劲、可持续、平衡增长的根本途径是深化结构性改革。结构性改革与宏观经济的关系已在许多理论研究和国别实证分析中得到确认。从国际经验看也是如此。一国经济发展早期主要依靠要素投入，但在发展中后期阶段，全要素生产率的贡献逐步提高。以中国为例，通过整体推进和重点突破相结合的、波浪式前进的改革，中国实现了从计划经济体制向有宏观管理的社会主义市场经济的整体跃迁，要素配置效率得到极大提高，有力地带动了全要素生产率的提升。据测算，1982—2010 年间中国全要素生产率年均增速达 4.86%，且在上世纪 80 年代初、90 年代初以及进入本世纪后，出现了几轮快速增长期。这与中国推进改革的节奏是基本一致的。从其他 G20 国家看，也有很多结构性改革的成功案例。国际金融危机后，德国经济表现出较强韧性，继续成为引领欧洲经济增长的核心之一。这得益于德国长期以来对结构性改革的重视，要素配置不断优化，创新得到有效激励，增强了本国核心竞争力。在受危机严重冲击的爱尔兰、西班牙、意大利等国家，通过在金融部门、劳动力市场等方面坚持推进结构性改革，经济增长有了明显起色，失业问题也逐步改善。

整体来看，近几年 G20 对结构性改革的重视程度不断加大，并做出了许多政策努力。特别是 2014 年布里斯班峰会上各方围绕就业、投资、贸易和竞争等四大领域制定了千余项促进增长的政策措施，其中包括数百项结构性改革承诺。2015 年，各国根据形势变化对增长战略进行了更新，增加了新的政策承诺。但总体上，G20 改革进展仍落后于预期。我们仍需进一步加强 G20 的结构性改革议程。

G20 首先要加强改革行动的顶层设计。在考虑各国国情和发展阶段差异的基础上，G20 可以就一些最基本的改革领域和原则寻找"最大公约数"，制定 G20 结构性改革的优先领域和一般原则。这将有助于各成员协同推进和落实改革，最大限度发挥改革的正面溢出效应。

结合全球主要结构性挑战，以及 G20 现有的重点改革承诺，我认为以下领域值得深入探讨：一是促进贸易和投资。最近两年，国际贸易和对外直接投资增速显著低于危机前水平，对全球经济的拉动作用大大下降。G20 应通过努力减少市场准入障碍，消除跨境贸易和投资的税收壁垒，提高劳动力市场灵活性等途径提高私人部门投资意愿，促进贸易发展，努力恢复全球经济的传统增长动力。二是推动劳动力市场改革。受老龄化等因素影响，全球劳动力供给的结构正在发生变化，劳动参与率呈下降趋势。G20 应努力打破劳动力市场分割，降低就业壁垒，鼓励劳动力流动性。部分国家应对社保体系进行必要改革，通过增强竞争激励劳动者就业，防止劳动力成本过快上涨。

同时，应加大教育投入，提高教育质量以及教育与劳动力市场需求的匹配程度等。三是鼓励创新。一方面要继续加大对技术进步的支持，包括完善技术创新的激励和保护制度与非制度性安排，促成新的科技革命和产业革命的到来。另一方面，要进行必要的制度性创新。这既包括在国别层面对财税、产业监管、社保、产权保护、知识产权等一系列领域进行制度改革和创新，也包括在国际层面进一步推动货币、贸易和投资、金融、税收等多边体系改革，改善全球经济治理。四是提高财政可持续性。危机后，全球政府债务规模之大、持续时间之长史无前例，对于金融稳定和市场信心均有重要影响，一定程度上已成为全球经济中的结构性问题。中长期看，G20需要确保债务可持续性，逐步恢复财政政策空间，为经济持续增长奠定基础。此外，各国还普遍面临基础设施、竞争、金融改革、环境可持续性等方面的中长期挑战，也应作为下一步推进结构性改革的重要领域。

在深化顶层设计的同时，G20还应加强对改革进展与成效的监测分析，更好地推进落实各项改革承诺。目前G20对结构性改革政策承诺的进展以定性分析为主，缺少量化评估手段，评估结论不够明确直观。为此，G20可考虑通过一套结构性指标构建量化分析框架，一方面可以相对客观地衡量改革在经济、社会、环境等方面带来的整体效益；另一方面也可以较为直观地总结一国各领域结构性改革进展与不足，并为下一步改革行动提供参考和指导。

基于上述考虑，中方作为2016年G20主席国提出将结构性改革作为财金渠道重点议题，并希望通过制定结构性改革优先领域和一般原则以及衡量改革进展的指标体系，推动G20各国在结构性改革方面取得更多实质性进展，为实现全球经济中长期可持续增长奠定坚实基础。

在此，我希望G20各成员和各位专家学者，借此次研讨会的机会对结构性改革进行深入的探讨和交流。我们既要放眼全局，看到全球经济中的基本问题、基本趋势，为G20共同的改革努力找准方向，又要看到各国经济条件和发展阶段的差异，从各自的国别经验中相互学习，彼此借鉴。

最后，祝本次研讨会圆满成功！

第二章 新常态下的"供给侧结构性改革"

推进供给侧结构性改革，是适应和引领经济发展新常态的重大创新，是适应国际金融危机发生后综合国力竞争新形势的主动选择，是适应我国经济发展新常态的必然要求。

——2015 年中央经济工作会议

一、认识新常态、适应新常态、引领新常态

从现阶段看，新常态是中国经济基本特征。新常态下，过去依靠大规模投资驱动和低成本出口的发展模式难以为继，拼资源、拼人力已经成为过去时。依靠结构调整、创新驱动、转型升级成为新常态的不二选择。供给侧改革正是适应新常态的一种有效手段和可行措施。研究这几年中央关于新常态、供给侧结构性改革的提出和一系列论述，可以清晰看出其中二者的逻辑。

"三期叠加"的现实考验

"这是希望之春，这是失望之冬。"两百年前英国作家狄更斯的话语仿佛更适合当下的中国——成就和变化举世瞩目，矛盾和困难极具挑战。

据国家统计局网站消息，初步核算，2015 年全年我国国内生产总值

676 708 亿元，按可比价格计算，比上年增长 6.9%，中国人均 GDP 为 5.2 万元（按 13 亿人口计），约合 8016 美元。这一数据虽然距离美国、日本、德国、英国等发达国家 3.7 万美元以上的水平仍有很大差距，但按照世界银行的标准，我国已经进入中等收入偏上国家的行列。于是，"中等收入陷阱"就成为我国不得不面对的一个问题。

当今世界，绝大多数国家的发展中国家存在所谓的"中等收入陷阱"问题。如墨西哥、巴西、菲律宾、马来西亚、南非以及东南亚和拉丁美洲的一些国家等，在 20 世纪 70 年代均进入了中等收入国家行列，但直到现在，这些国家仍然挣扎在人均国内生产总值 4000 至 12 000 美元的发展阶段，并且见不到增长的动力和希望。截至 2015 年 7 月 1 日世界银行的归类，中等偏上收入国家的人均 GDP 在 4126 美元至 12 735 美元之间。

所谓"中等收入陷阱"，是指当一个国家的人均收入达到中等水平后，由于不能顺利实现经济发展方式的转变，导致经济增长动力不足，最终出现经济停滞的一种状态。

新兴市场国家突破人均国内生产总值 1000 美元的"贫困陷阱"后，很快会奔向 1000 美元至 3000 美元的"起飞阶段"；但到人均国内生产总值 3000 美元附近，快速发展中积聚的矛盾集中爆发，自身体制与机制的更新进入临界，很多发展中国家在这一阶段由于经济发展自身矛盾难以克服，发展战略失误或受外部冲击，经济增长回落或长期停滞，陷入所谓"中等收入陷阱"阶段。亚洲许多国家，近几十年来飞速发展，由低收入国家步入了中等收入国家之列。但随之而来的很可能就是"中等收入陷阱"。

改革开放 30 多年来，中国走过了经济发展的"急行军"，持续的高速增长创造了世界发展史上的奇迹。2015 年中国的国内生产总值（GDP）超过 67 万亿元，比 2014 年同期增长 6.9%，稳居世界经济第二位。

同时，中国的人均国内生产总值从 1978 年的 381 元到 2015 年超过 5.2 万元，增加 136 倍。按照世界银行标准，中国的人均国内生产总值已经超过 8000 美元，已跻身中等收入国家行列。

从新中国刚成立时的一贫如洗，到不断脱贫致富，特别是改革开放后迈入中等收入国家行列，中国经济社会发展取得的成就全球有目共睹，但同时也意味着新的挑战——既是中等收入国家向中等发达国家迈进的机遇期，也是经济社会矛盾加剧、爬坡过坎的风险期。

如果顺利迈过这一时期，则可升级跨入高收入国家行列，而一旦"闯关"失败，则可能陷入长期的"中等收入陷阱"，既无法在工资方面与低收入国家竞争，又无法在尖端技术研制方面与富裕国家竞争。

纵观历史，从"贫困陷阱"跌入"中等收入陷阱"的国家并不少。中国周边多个亚洲国家，如马来西亚、泰国、菲律宾等也正经历着"陷阱困境"。亚洲开发银行在题为《2050年的亚洲：了解亚洲世纪》的报告中曾警示："发展中的亚洲正处在十字路口：要么爬上'亚洲世纪'的高地，要么滑入'中等收入陷阱'的低谷。"

翻开中国圆梦的时间表，距离全面建成小康社会只剩下不到5年，距离建成社会主义现代化国家也只有30多年。对于经济体量大的中国而言，未来的发展是"黄金期"还是"迷失期"？能否跨过"中等收入陷阱"至关重要。

面对矛盾凸显挑战和"中等收入陷阱"的前车之鉴，必须依靠供给侧改革打造新动力体系。

"实现我们确定的到2020年国内生产总值和城乡居民人均收入比2010年翻一番的目标，只要7%的增速就够了"；"对中国而言，'中等收入陷阱'过是肯定要过去的，关键是什么时候迈过去、迈过去以后如何更好向前发展"；"我们有信心在改革发展稳定之间，以及稳增长、调结构、惠民生、促改革之间找到平衡点，使中国经济行稳致远"……习近平总书记的讲话为我们指明了攻坚的方向。

而在李克强总理看来，在13亿人口的大国实现现代化，人类历史上没有先例，需要付出长期艰苦的努力。尽管面临国际竞争加剧、资源环境约束等诸多挑战，但广大人民群众的勤劳智慧和对美好生活的向往、成长中的庞大内需市场，为中国经济发展提供了巨大潜力和回旋空间。"我们完全有条件、有能力在过去 30 多年快速增长的基础上，跨越中等收入陷阱，继续保持较长时期的中高速增长。"李克强说。

要想成功越过"中等收入陷阱"，关键要准确把握好中国的发展大势，清醒认识当前发展的"隐忧"，并提早做好政策应对。不可忽视的是，当前国内外环境相当复杂，不稳定不确定因素依然较多，经济发展仍面临较大挑战，特别是出现了一些可能引发经济下行和风险增大的边际变化，保持经济平稳发展需要付出更多努力。

从外部环境看，国际金融危机爆发 7 年来，世界经济总体仍呈低迷态势。2015 年世界经济增速为 6 年来最低，国际贸易增速更低，大宗商品价格深度下跌，国际金融市场震荡加剧，对我国经济造成直接冲击和影响。一些发展中国家经济增速也在放缓，并面临人口增速放慢，青年劳动力资源短缺，给生产率造成压力；同时，地缘政治的持续恶化导致俄罗斯经济动荡加剧，以石油为主的国际能源价格持续下跌，可能会使全球经济陷入低利率、低通胀、低增长三者相互叠加的恶性循环。全球经济再现不确定，下行风险对中国经济的影响不容忽视。

从内部看，我国发展中还存在不少困难和问题。受全球贸易萎缩等因素影响，2015 年我国进出口总额出现下降，预期增长目标未能实现。投资增长乏力，一些行业产能过剩严重，部分企业生产经营困难，地区和行业走势分化，财政收支矛盾突出，金融等领域存在风险隐患。人民群众关心的医疗、教育、养老、食品药品安全、收入分配、城市管理等方面问题较多，环境保护形势严峻，严重雾霾天气在一些地区时有发生。

增长减速、产能过剩、地方债务激增、环境资源压力凸显……如果用一个词来形象概括当前中国经济的阶段性特征，那就是"三期叠加"，意为当下处于"增长速度进入换挡期、结构调整面临阵痛期、前期刺激政策消化期"叠加的状态。

增速的换挡期，是经济发展的客观规律所决定的，也是已经成为世界第二大经济体的中国必须面临的。纵观中国，过去 30 多年近 10% 的经济高速增长阶段已经结束，正进入潜在增长率下降的"换挡期"。但适度地调整有利于中国经济能持续健康成长。

结构调整的阵痛期，是中国加快经济发展方式转变的主动选择。"唯 GDP 论英雄"的时代已经过去，如今的中国，不仅重视速度，也重视质量；既要金山银山，也要绿水青山。结构调整就要面临"阵痛"，必须痛下决心，相信市场的力量，解决当下的问题。

前期刺激政策消化期，这是化解多年来积累的深层次矛盾的必经阶段。这一时期是指 2008 年国际金融危机之后，非常时期的非常政策，在产生红利的同时，政策的副作用现在正在消化。消化就意味着要付代价，就要淘汰破产，就要市场出新。

"三期叠加"的背后，潜藏着可能将中国拉入"中等收入陷阱"的风险因素。从国外看，一国遭遇"中等收入陷阱"，最初的诱因便是经济增速放缓，即高速的经济发展难以为继，原有的增长机制一定程度上失灵。

而当下中国发展的难题恰恰在于：传统发展模式已难以为继，经济潜在增长率放缓，经济结构调整远未到位。一些地方还习惯于用政策刺激上项目，一些企业还是靠廉价资源能源扩张规模，使得经济内生动力不足，新的核心竞争力亟待形成。

——警惕"人口红利"逐渐消退、成本比较优势逐渐弱化。

"招工难，一年比一年难；用工贵，一年比一年贵"，这是全国饰品生产龙头企业浙江新光控股集团董事长周晓光近年来的担忧。2009 年初，沿海企业出现一波农民工"回流潮"，公司为了留人，将工资一次性提高 10%。周晓光说，那是她第一次清楚意识到"劳动力成本拐点"真的到来了。随后的几年里，尽管每年工人薪资涨幅基本都在 10% 左右，直至薪资成本占到整个企业成本的三成，但用工的窟窿仿佛永远也堵不上。"我们的劳动力成本上涨太快，工人劳动技能也没有明显长进，一些外资企业迁厂至东南亚也就不难理解了。"中国的"人口红利"是否正经历"刘易斯拐点"，中国是否已"未富先老"？对此，李克强总理 2013 年 9 月在夏季达沃斯论坛上与外资企业座谈时曾指出，中国在未来相当长时间里，都还会有人口红利。但他也坦言，中国面临的就业问题不仅有总量压力，还存在结构性矛盾。"通俗地说，就是有岗位找不到合适的人，也有人找不到合适的岗位。这种结构性矛盾随着中国经济结构的调整优化可能还会更加突出。"

——警惕增长驱动依然过度依赖投资，居民消费率无法提高。

跨过"中等收入陷阱"的国家都有一个共同特点，即中等收入群体较大，最终消费率较高。但对我国而言，社会财富"蛋糕"分配不公，贫富差距拉大，居民扩大消费仍面临很大挑战。如果不能推进收入分配制度改革，不能进一步释放城乡居民消费潜力，则很难顺利跨过"中等收入陷阱"。

——警惕粗放增长难以扭转，资源环境成本激增。

近两年，挥之不去的雾霾肆扰中国。对处在转型关口的中国来说，雾霾绝非仅是环境的灾害，更是对中国高能耗增长模式的严重警示。

十多年来，中国屡屡加大淘汰落后产能的力度，但却陷入"产能越去越多"的怪圈。工信部数据显示，中国有200多个工业产品产量世界第一，不仅重工业产能过剩，就连光伏、风电等战略新兴产业也严重产能过剩。

化解产能过剩之难，折射出中国经济转型之艰。产能过剩的背后，是一些地方政府盲目竞争上项目，造成重复建设"遍地开花"。环境的恶化，实际是由不合理的工业结构造成的。外界曾有这样一句戏言："世界钢铁看中国，中国钢铁看河北。"这里生产着超过全国四分之一的粗钢，随处可见的钢厂、水泥厂、化工厂、建材厂、玻璃厂等"两高"产业近乎成了河北工业结构的真实写照。

"大势难居，不可不慎。"处在十字路口的中国经济将走向何方？

"我想告诉大家，中国正处在转型升级的关键阶段，当前经济发展的基本面是好的，经济运行总体是平稳的。"2013年9月，渤海之滨大连，李克强首次以总理身份出席夏季达沃斯论坛时在演讲中给予了明确的回答。

发展中遇到的问题，要靠新的发展来化解老的问题，要用新的进步来实现新的任务。对于中国经济增速有所放缓，背后既有世界经济深度调整的大背景，也是内在的经济规律。现在，中国经济规模已居世界第二，基数增大，即使是 7% 的增长，年度现价增量也达到 8000 多亿美元，比 5 年前增长 10% 的数量还要大。经济运行处在合理区间，不一味追求速度了，紧绷的供求关系变得舒缓，重荷的资源环境得以减负，可以腾出手来推进结构性改革，向形态更高级、分工更复杂、结构更合理的发展阶段演进。这样，中国经济的"列车"不仅不会掉挡失速，反而会跑得更稳健有力，带来新机遇，形成新动能。中国经济要长期保持中高速增长，迈向中高端水平，要对传统思维"说不"，为创新体制"叫好"，关键要推进结构性改革，创新宏观调控，优化产业结构，扩大内需，增加消费，改善收入分配和民生福祉。中国发展潜力巨大，会给世界带来新机遇。

站在新的起点上，新一届中央政府已经深刻认识到，要破解当下的发展难题，必须审时度势，全面把握和准确判断国内国际经济形势变化，坚持底线思维，统筹施策、精准发力、谋划长远，以改革为动力，引领中国经济创造新的奇迹。

新常态——保持战略上的平常心态

挑战和机遇，就像一枚硬币的两面。"中等收入陷阱"的挑战背后，同样蕴藏着新的发展机遇。

"中国是一只刚刚破茧的蝴蝶，但因为翅膀还是湿的，还要经历抖动、晾干以后再起飞的阶段。"世界著名未来学家奈斯比特（John Naisbitt）这样比喻中国。

历经 30 多年改革开放，尽管发展中积累了一些经济和社会领域的弊病，但应该看到，中国的综合实力大大增强，家底日益殷实，抵御外界风险的能力也在增强。面对来自国际、国内对中国经济的质疑、唱衰，以习近平同志为总书记的党中央深刻洞察国内外大势，准确把握经济发展大局。战略上，保持定力；战术上，沉稳应对。以经济工作的"新思维"应对各种风险挑战。

对于中国经济发展呈现的阶段性特征，2014 年中央高层反复提及的"新常态”一词，成为国内外观察家洞悉中国经济的关键词。

"新常态"出自经济词汇，最早由美国太平洋投资管理公司首席执行官埃尔-埃里安等投资家使用。可概括为"一低两高"，即低增长、高失业和高债务。无论美国，还是欧洲和日本，概莫能外。

经过 20 世纪 80 年代后期以来欧美经济持续 20 多年相对稳定繁荣的"大稳定"，2008 年发端于美国的全球金融危机使西方思想界深刻反思。世界经济的"新常态"正是反思结果之一，国际货币基金组织总裁拉加德甚至用"新平庸"来评价当下的国际经济形势。

在拉加德看来，世界经济面临"新平庸"风险，其特征是一种持续的低经济增长和高失业率状态，影响包括发达国家在内的很多经济体，而且"新平庸"还受到来自地缘政治因素以及各国央行不同步的货币政策的威胁，全球政策制定者还面临金融危机遗留下来的高债务和高失业率等难题。

中国经济的"新常态"与世界经济的"新常态"在内涵上显然不同。

2014 年 5 月，习近平总书记在河南考察工作时第一次提及"新常态"一词——"我国发展仍处于重要战略机遇期，我们要增强信心，从当前我国经济发展的阶段性特征出发，适应新常态，保持战略上的平常心态。"

2014 年 7 月底，在党外人士座谈会上，习近平总书记重申，正确认识我国经济发展的阶段性特征，进一步增强信心，适应新常态。

2014 年 11 月 9 日，北京举行的亚太经合组织工商领导人峰会上，习近平总书记首次系统阐述的"新常态"三大特点，勾勒出中国经济发展的新愿景，给世界经济吃了"定心丸"。

——新常态下，中国经济从高速增长转为中高速增长；

——新常态下，中国经济结构不断优化升级，第三产业、消费需求逐步成为主体，城乡区域差距逐步缩小，居民收入占比上升，发展成果惠及更广大民众；

——新常态下，中国经济从要素驱动、投资驱动转向创新驱动。

面对三大特征，习近平自信地指出，新常态将给中国带来新的发展机遇：

第一，新常态下，中国经济增速虽然放缓，实际增量依然可观。

第二，新常态下，中国经济增长更趋平稳，增长动力更为多元。

第三，新常态下，中国经济结构优化升级，发展前景更加稳定。

第四，新常态下，中国政府大力简政放权，市场活力进一步释放。

2014年12月举行的中央经济工作会议，又首次对中国经济新常态进行全面系统阐述，从九个方面推出了新常态下中国经济的趋势性变化，为中国经济走向公平可持续发展指明了方向。

——从消费需求看，过去我国消费具有明显的模仿型排浪式特征，现在模仿型排浪式消费阶段基本结束，个性化、多样化消费渐成主流，保证产品质量安全、通过创新供给激活需求的重要性显著上升，必须采取正确的消费政策，释放消费潜力，使消费继续在推动经济发展中发挥基础作用。

——从投资需求看，经历了30多年高强度大规模开发建设后，传统产业相对饱和，但基础设施互联互通和一些新技术、新产品、新业态、新商业模式的投资机会大量涌现，对创新投融资方式提出了新要求，必须善于把握投资方向，消除投资障碍，使投资继续对经济发展发挥关键作用。

——从出口和国际收支看，国际金融危机发生前国际市场空间扩张很快，出口成为拉动我国经济快速发展的重要动能，现在全球总需求不振，我国低成本比较优势也发生了转化，同时我国出口竞争优势依然存在，高水平引进来、大规模走出去正在同步发生，必须加紧培育新的比较优势，使出口继续对经济发展发挥支撑作用。

——从生产能力和产业组织方式看，过去供给不足是长期困扰我们的一个主要矛盾，现在传统产业供给能力大幅超出需求，产业结构必须优化升级，企业兼并重组、生产相对集中不可避免，新兴产业、服务业、小微企业作用更加凸显，生产小型化、智能化、专业化将成为产业组织新特征。

——从生产要素相对优势看，过去劳动力成本低是最大优势，引进技术和管理就能迅速变成生产力，现在人口老龄化日趋发展，农业富余劳动力减少，要素的规模驱动力减弱，经济增长将更多依靠人力资本质量和技术进步，必须让创新成为驱动发展新引擎。

——从市场竞争特点看，过去主要是数量扩张和价格竞争，现在正逐步转向质量型、差异化为主的竞争，统一全国市场、提高资源配置效率是经济发展的内生性要求，必须深化改革开放，加快形成统一透明、有序规范的市场环境。

——从资源环境约束看，过去能源资源和生态环境空间相对较大，现在环境承载能力已经达到或接近上限，必须顺应人民群众对良好生态环境的期待，推动形成绿色低碳循环发展新方式。

——从经济风险积累和化解看，伴随着经济增速下调，各类隐性风险逐步显性化，风险总体可控，但化解以高杠杆和泡沫化为主要特征的各类风险将持续一段时间，必须标本兼治、对症下药，建立健全化解各类风险的体制机制。

——从资源配置模式和宏观调控方式看，全面刺激政策的边际效果明显递减，既要全面化解产能过剩，也要通过发挥市场机制作用探索未来产业发展方向，必须全面把握总供求关系新变化，科学进行宏观调控。

"新常态"是一个具有历史穿透力的战略概念。简单地说就是要告别过去的"速度情结"，把过去的经济增长模式转到创新，转到技术进步，要用改革作为根本的动力，来推动整个经济工作。

以新常态来判断当前中国经济的特征，并将之上升到战略高度，表明中央对当前中国经济增长阶段变化规律的认识更加深刻，正在对宏观政策的选择、行业企业的转型升级产生方向性、决定性的重大影响。

新常态的九大特征，清晰表明我国发展仍处于重要战略机遇期。我国经济正在向形态更高级、分工更复杂、结构更合理的阶段演化，经济发展进入新常态，正从高速增长转向中高速增长，经济发展方式正从规模速度型粗放增长转向质量效率型集约增长，经济结构正从增量扩能为主转向调整存量、做优增量并存的深度调整，经济发展动力正从传统增长点转向新的增长点。

因此，认识新常态，适应新常态，引领新常态，是当前和今后一个时期我国经济发展的大逻辑。

主动适应经济发展新常态,"要更加注重满足人民群众需要,更加注重市场和消费心理分析,更加注重引导社会预期,更加注重加强产权和知识产权保护,更加注重发挥企业家才能,更加注重加强教育和提升人力资本素质,更加注重建设生态文明,更加注重科技进步和全面创新"——中央经济工作会议提出的"八个注重"的新要求,成为有效引领新常态,实施创新驱动,实现我国经济提质增效升级目标的"指南针"。

二、"新常态"与"供给侧结构性改革":来自"两会"的声音

2016 年"两会"期间,"供给侧改革"成为会场内外代表和委员们热烈讨论的高频词,也是海外观察人士的热议词。代表、委员纷纷从各自角度畅谈对供给侧结构性改革的理解和与新常态下中国经济发展之间的关系。海外专家也普遍认为,中国经济运行进入新常态,供给侧改革"加减法"并举,将使中国经济获得持久健康的发展动力。

供给侧改革是攻坚克难引领新常态的系统工程

全国政协委员,华夏新供给经济学研究院院长贾康 3 月 10 日在全国政协十二届四次会议第二次全体会议上作大会发言时说,供给侧改革是攻坚克难引领新常态的系统工程。

供给侧结构性改革和供给体系质量效率提升方针,体现了经济工作和宏观调控新思维。首先从理论上说,需求是原生动力,但生产力和生产关系的创新都发生在供给侧,供给侧的响应机制及其特征是划分经济发展不同阶段和时代的决定性因素。现实经济并非通过"完全竞争"自动实现结构优化,因此需要政府通过"政策供给"引导结构优化,通过"制度供给"激发增长潜力释放。

其次从调控实践说,政府供给管理无法回避。应对世界金融危机冲击,

美国给花旗、"两房"、通用注资，成为引导复苏过程的决定性转折点；中国近年也一再努力通过"定向宽松"实行货币政策的结构化运用，财政政策更是为优化结构不遗余力。

第三从我国经济社会转轨和具体国情看，特别需要注重在供给侧对"三农"、区域协调、环保等方面补短板，特别是以制度供给即改革来解放生产力、化解矛盾累积与隐患叠加，形成可持续发展后劲。

贾康说，中央正是在深刻总结基础上，形成了关于供给侧改革的指导思想。这不是贴标签式选择新概念，而是理论密切联系实际的转轨创新；不是否定需求侧意义作用和简单搬用美国供给学派以减税为主的思路，而是借鉴中外所有需求、供给管理经验又侧重于供给体系建设的系统工程；不是搞"新计划经济"，而是在坚持市场资源配置决定性作用前提下，把有效市场和有为、有限政府相结合，实现守正出奇的现代化追赶—赶超。其核心内涵，是以改革攻坚克难为关键来解放生产力的长期行为。

面对矛盾凸显挑战和"中等收入陷阱"的前车之鉴，必须依靠供给侧改革打造新动力体系。供给侧的劳动力、土地及自然资源、资本、科技和制度五大要素中的前三项，支撑力正在衰减。为引领新常态，必须更多依靠后两大要素——科技和制度，打造发展升级版，在改革中解除供给抑制、放松供给约束，具体包括：调整人口政策优化劳动供给，推进土地制度改革适应统一市场，深化金融改革服务实体经济升级换代，等等。

贾康说，虽然供给侧发力的"攻坚克难"任务艰巨，但别无选择，必须迎难而上，敢涉险滩，啃硬骨头。做好以上这些，中国就不仅可消解渐进改革路径依赖上的某些"后发劣势"，还有望形成在中国特色社会主义政治经济学支持之下供给侧伟大实践的"先发优势"，如愿对接全面小康和中国梦。

国企改革是供给侧结构性改革的当务之急

3月10日在全国政协十二届四次会议第二次全体会议上，全国政协委员、北京大学光华管理学院名誉院长厉以宁所作的大会发言同样是围绕着"供给侧结构性改革"和"新常态"。

厉以宁说，在经济运行进入新常态的情况下，供给侧发力正在成为当前全国上下关注的重点。经济下行的压力虽然仍继续存在，但总的看来，形势正在好转，对此我们应当有信心。究竟如何理解供给侧发力的主要内容？简要地说，就是必须进行结构性改革，加快结构性改革。而结构性改革中，国有企业改革的推行，更是当务之急。

结构调整必须同结构性改革紧密地结合在一起，结构调整的主要任务是资源配置的合理化、高效化。如果不深化国有企业改革，不能充分挖掘国有资本的潜力，不能从新技术、新产业、新发明、新效率等方向使国有企业成为真正的市场主体，供给侧发力很难取得成绩。供给侧结构性改革的重要性正在于此。

国有企业究竟怎样才能有效地推行改革呢？厉以宁谈了他的想法。

第一，国有资产管理部门和国有企业管理应分两个层次进行改革。一个层次是：国有资产管理部门只管国有资本的增值保值和国有资本的配置和再配置及其效率的变化。另一个层次是：国有企业按行业不同而区别对待。竞争性行业积极探讨和实行混合所有制，国有资本所占股权比例不设底线，根据具体情况而定。国有企业改为混合所有制企业之后，一律按公司法自主经营，建立完善的法人治理结构，开展业务。至于特殊行业的国有企业，应当由国家控股。国家控股究竟是绝对控股还是相对控股，可以依据行业和企业的具体情况而定。

第二，推行国有企业改制为混合所有制企业后，可以在这样的企业中实行明确的人才激励制度，让高级管理人员、在技术发明或市场营销方面做出杰出贡献的人才得到激励。激励的多少由混合所有制企业根据本行业和本企业的状况而定。主要有两点需要注意：一是必须是奖励给为本企业作出贡献的人；二是必须公开化，防止个别领导人说了算，或为了平衡企业内部矛盾而违背当初实行股权激励制度的初衷。

第三，根据企业状况，推行职工持股制度。在采取这一措施时，需要注意以下两个问题：一是要汲取20世纪90年代某些国有企业试行职工持股，后来逐渐解体、消失的教训，一定要规定严格的职工持股程序，而不能采取"人人持股""免费赠股""企业内部自由转让""企业职工可以任意将股票出售给非本企业职工"等不规范的做法。二是什么样的本企业职工可以购买本企业的股份，要有严格的限制，不能把职工持股视为本企业的一种"福利"，更不能形成在企业大门外摆地摊出售职工所持股票等做法。持股的职工应当有一定的本企业工作经历，职工所持股份如何转让也应当有规则。

第四，要逐步实行职业经理人制度。在混合所有制改革取得进展后，职业经理人制度就提到议事日程上来。职业经理人是企业聘任的，实行任期制和责任制，由董事会任命，负责企业的经营管理。企业的董事会对企业的重大决策作出决议，由职业经理人负责执行。这一结构适应于市场经济体制下的企业运营，也适应于市场环境。但存在一个问题，即我国至今仍然缺少职业经理人的供给以及供方和需方的交流机会。这是可以理解的，因为中国至今尚在从社会主义计划经济体制向社会主义市场经济体制转换的过程中，职业经理人队伍不可能迅速成长起来，符合条件的职业经理人显然供不应求。我们不能忽略这一问题的存在，然而仍是可以补救的。比如说，可以对现有国企的中高层管理人员中愿意担任混合所有制企业经理人的，进行短期培训，然后听其自愿，加入职业经理人供给行列，应聘于混合所有制企业，同时脱离原来的就业岗位。如果以前有行政级别的话，那么从此取消原有的行政级别。

改革"加减法"加快新旧动能接续转换

不仅是代表和委员们在"两会"发言时畅谈供给侧结构性改革和新常态，海外专家学者以及一些跨国著名企业管理者也对中国发生的供给侧结构性改革产生了浓厚的兴趣。海外分析人士指出，当前，中国政府在多个改革领域统筹布局"加减法"，努力加快新旧动能接续转换，在保证经济总体平稳的前提下，完成结构性调整。

如果说扩大有效和中高端供给是做加法，减少无效和低端供给就是做减法；如果说搭建新平台、发展新产业是做加法，那么去产能、去库存、去杠杆就是做减法；如果说减税降费、简政放权是做减法，那么精准扶贫、完善社保就是做加法。

澳大利亚经济学家郭生祥认为，改革的加减法不是静态的，而是动态的；不是单向的，而是交互的。他指出："在产业政策领域，做好加减法便于让市场尽快出清，为新产业发展腾出必要空间，促进经济结构优化升级；在财税、行政和社会政策领域，做好加减法便于让企业轻装上阵，并确保公平和效率互为促进。"

谈到供给侧改革的实质，澳大利亚经济学家彼得·德赖斯代尔指出，伴随中国人口和资源红利减小、投资规模和边际效率降低，要改善经济效益还有赖于提高生产率。他认为，供给侧改革就是通过财税改革、结构调整、简政放权、产业革新等多种手段，理顺市场供需关系，引导市场发挥应有效用，提高全要素生产率。

在改革"加减法"的推动下，中国经济的新旧转换"动"了起来，新产业兴起的同时，传统产业也迎来重生。这种现象引起经济界广泛关注。

英国《新科学家》周刊网站刊文说："身为世界第二大经济体的中国努力加快转变步伐，从大量燃煤的重工业走向更加环保的未来……根据即将出台的经济发展五年规划，中国将帮助老旧产业的工人掌握现代'朝阳'产业如生物技术、航空和智能制造等行业的新技能。"

新动能的培育和传统动能的转型正聚成中国经济的"双引擎"。美国堪萨斯城联邦储备银行高级经济学家聂军说，中国某些传统行业可能增速放缓，但一些新产业比之前增长得更快，特别是服务业增势迅猛。这使得中国经济的基本面依然稳固。

供给侧改革的积极推进为中国经济长远发展构建新的动力机制，这对于企业来说也将产生新的机遇。

通用电气全球高级副总裁兼大中华区首席执行官段小缨说，中国政府提出的供给侧结构性改革、"中国制造2025"、"一带一路"建设，以及发展清洁能源、深入环境治理的政策都成为关注的热点。"对于通用电气在中国而言，都是积极正面的信号。"

可口可乐大中华及韩国区副总裁张建弢说，在"去产能、去库存、去杠杆、降成本"的背景下，中国经济的转型发展给跨国公司提出了新的课题和挑战。供给侧改革所强调的产业链、价值链提升，制造业向高端的转型升级，以及"一带一路"所倡导的国际产能合作，都给跨国公司发挥自身创新能力、领先技术和全球作业经验等方面的优势提供了机遇。

三、把适应新常态、把握新常态、引领新常态作为贯穿发展全局和全过程的大逻辑

2016 年 1 月 18 日上午，省部级主要领导干部学习贯彻十八届五中全会精神专题研讨班在中央党校开班。中共中央总书记、国家主席、中央军委主席习近平在开班式上发表重要讲话强调，贯彻落实党的十八届五中全会精神要聚焦发力，首先必须下功夫领会好、领会透。要深入学习领会党的十八届五中全会精神，特别是要深入学习领会创新、协调、绿色、开放、共享的新发展理念，推动"十三五"时期我国经济社会持续健康发展，确保如期实现全面建成小康社会奋斗目标。

习近平在讲话中指出，"十三五"时期，我国经济发展的显著特征就是进入新常态。这是我国经济向形态更高级、分工更优化、结构更合理的阶段演进的必经过程。实现这样广泛而深刻的变化对我们是一个新的巨大挑战。谋划和推动"十三五"时期我国经济社会发展，就要把适应新常态、把握新常态、引领新常态作为贯穿发展全局和全过程的大逻辑。从历史长过程看，我国经济发展历程中新状态、新格局、新阶段总是在不断形成，经济发展新常态是这个长过程的一个阶段。这完全符合事物发展螺旋式上升的运动规律。

习近平强调，随着经济总量不断增大，我们在发展中遇到了一系列新情况新问题。经济发展面临速度换挡节点、结构调整节点、动力转换节点。新

常态是一个客观状态，是我国经济发展到今天这个阶段必然会出现的一种状态，是一种内在必然性，我们要因势而谋、因势而动、因势而进。"十三五"及今后一个时期，我国仍处于发展的重要战略机遇期，经济发展长期向好的基本面没有变。我们要坚持以经济建设为中心，坚持发展是硬道理的战略思想，变中求新、新中求进、进中突破，推动我国发展不断迈上新台阶。

习近平指出，要着力实施创新驱动发展战略，抓住了创新，就抓住了牵动经济社会发展全局的"牛鼻子"。抓创新就是抓发展，谋创新就是谋未来。我们必须把发展基点放在创新上，通过创新培育发展新动力、塑造更多发挥先发优势的引领型发展，做到人有我有、人有我强、人强我优。

习近平强调，要着力增强发展的整体性协调性。下好"十三五"时期发展的全国一盘棋，协调发展是制胜要诀。协调既是发展手段又是发展目标，同时还是评价发展的标准和尺度，是发展两点论和重点论的统一，是发展平衡和不平衡的统一，是发展短板和潜力的统一。我们要学会运用辩证法，善于"弹钢琴"，处理好局部和全局、当前和长远、重点和非重点的关系，着力推动区域协调发展、城乡协调发展、物质文明和精神文明协调发展，推动经济建设和国防建设融合发展。

习近平指出，要着力推进人与自然和谐共生。生态环境没有替代品，用之不觉，失之难存。要树立大局观、长远观、整体观，坚持节约资源和保护环境的基本国策，像保护眼睛一样保护生态环境，像对待生命一样对待生态环境，推动形成绿色发展方式和生活方式，协同推进人民富裕、国家强盛、中国美丽。

习近平强调，要着力形成对外开放新体制。实践告诉我们，要发展壮大，必须主动顺应经济全球化潮流，坚持对外开放，充分运用人类社会创造的先进科学技术成果和有益管理经验。要不断探索实践，提高把握国内国际两个大局的自觉性和能力，提高对外开放质量和水平。

习近平指出，要着力践行以人民为中心的发展思想。人民为中心的发展思想，不是一个抽象的、玄奥的概念，不能只停留在口头上、止步于思想环节，而要体现在经济社会发展各个环节。我国正处于并将长期处于社会主义初级阶段，我们要根据现有条件把能做的事情尽量做起来，积小胜为大胜，不断朝着全体人民共同富裕的目标前进。

习近平强调，供给侧结构性改革，重点是解放和发展社会生产力，用改革的办法推进结构调整，减少无效和低端供给，扩大有效和中高端供给，增强供给结构对需求变化的适应性和灵活性，提高全要素生产率。要通过一系列政策举措，特别是推动科技创新、发展实体经济、保障和改善人民生活的政策措施，来解决我国经济供给侧存在的问题。我们讲的供给侧结构性改革，既强调供给又关注需求，既突出发展社会生产力又注重完善生产关系，既发挥市场在资源配置中的决定性作用又更好发挥政府作用，既着眼当前又立足长远。要从生产端入手，重点是促进产能过剩有效化解，促进产业优化重组，降低企业成本，发展战略性新兴产业和现代服务业，增加公共产品和服务供给，提高供给结构对需求变化的适应性和灵活性。

习近平指出，新发展理念要落地生根、变成普遍实践，关键在各级领导干部的认识和行动。要深学笃用，通过示范引领让干部群众感受到新发展理念的真理力量，各级领导干部要结合历史学，多维比较学，联系实际学，真正做到崇尚创新、注重协调、倡导绿色、厚植开放、推进共享。要用好辩证法，对贯彻落实新发展理念进行科学设计和施工，坚持系统的观点，遵循对立统一规律、质量互变规律、否定之否定规律，坚持具体问题具体分析，善于把握发展的普遍性和特殊性、渐进性和飞跃性、前进性和曲折性，善于把握工作的时度效。要创新手段，善于通过改革和法治推动贯彻落实新发展理念，发挥改革的推动作用、法治的保障作用。要守住底线，在贯彻落实新发展理念中及时化解矛盾风险，下好先手棋，打好主动仗，层层负责、人人担当。

习近平强调，党的干部是党的事业的骨干。要加强对干部的教育培训，开展精准化的理论培训、政策培训、科技培训、管理培训、法规培训，增强适应新形势新任务的信心和能力。要把严格管理干部和热情关心干部结合起来，推动广大干部心情舒畅、充满信心，积极作为、敢于担当。要支持和保护那些作风正派又敢作敢为、锐意进取的干部，最大限度调动广大干部的积极性、主动性、创造性，激励他们更好带领群众干事创业。

李克强在主持开班式时指出，习近平总书记的重要讲话从党和国家发展全局高度，从理论和实践、历史和现实相结合的角度，对经济发展新常态、新发展理念、供给侧结构性改革等重大问题做了深刻阐述，并对落实好新发展理念提出了明确要求。讲话对深化各级领导干部对新常态下发展规律的认识，做好全面建成小康社会决胜阶段各项工作，具有重要指导意义。希望同志们深入学习领会，做到认识上更加到位，行动上更加自觉，工作上更加有为。李克强强调，当前国际形势错综复杂，国内经济下行压力加大，要以新发展理念引领改革发展，着力推进结构性改革，更加注重推进供给侧结构性改革，更好汇聚发挥全党全国人民的智慧和力量，培育发展新动能，改造提升传统动能，推动经济保持中高速增长、迈向中高端水平，实现"十三五"良好开局。

习近平总书记在省部级主要领导干部学习贯彻十八届五中全会精神专题研讨班上的重要讲话，无疑对中国今后改革发展起到了思想先导、政策引领的作用，必将成为中国今后改革发展实践的主线。在这篇重要讲话公布后，人民日报、新华社联合撰写了一篇《担负起全面建成小康社会的重任——省部级主要领导干部学习贯彻十八届五中全会精神专题研讨班侧记》，从战略全局高度阐述了这篇讲话的重要意义，我们不妨阅读一下：

　　新华社北京1月22日电（人民日报记者　徐隽　新华社记者　华春雨）1月18日至21日，省部级主要领导干部学习贯彻十八届五中全会精神专题研讨班在中央党校举行。习近平总书记在开班式上发表重要讲话，从战略与全局的高度，从历史和现实相结合的角度，进一步阐释经济发展新常态、新发展理念、供给侧结构性改革等重大理论和现实问题。

　　认真自学、分组讨论、全班交流……4天时间里，186名学员结合习近平总书记的重要讲话在研讨班集中学习、系统研讨。

　　大家一致认为，习近平总书记的重要讲话闪耀着辩证唯物主义和历史唯物主义的思想光辉，是马克思主义政治经济学的最新发展，是中国特色社会主义理论体系的最新成果，彰显着真理的力量，廓清了对一些问题认识上的思想迷雾。各级领导干部以讲话精神统一思想、指导实践，必将推动"十三五"时期我国经济社会持续健康发展，推动全面建成小康社会奋斗目标如期实现。

——这是运用辩证唯物主义和历史唯物主义世界观方法论的再教育。

历经改革开放 30 多年持续高速发展，中国经济正处于怎样的发展阶段？

开班式上，习近平总书记作出深刻分析："十三五"时期，我国经济发展的显著特征就是进入新常态。这是我国经济向形态更高级、分工更优化、结构更合理的阶段演进的必经过程。

"求真务实，理性客观。"步出报告厅，学员们边走边热烈讨论。大家认为，新常态是一个客观状态，不能以"好"或"坏"来评价认识，而是要求我们在发展中因势而谋、因势而动、因势而进。在"十三五"开局关键节点进行的这次集中学习，是习近平总书记对领导干部如何运用辩证唯物主义和历史唯物主义世界观和方法论驾驭现实、推动发展的再教育，也是对贯彻党的十八届五中全会精神的再动员，对于大家统一思想、增强信心、积极作为，使"十三五"时期各项工作开好局、起好步非常及时、十分必要。

当天下午，学员们就围绕习近平总书记在开班式上的重要讲话，以及如何把适应新常态、把握新常态、引领新常态作为贯穿发展全局和全过程的大逻辑，开始认真自学。之后几天，学员又分成十个小组，联系各自实际，进行了集体研讨和交流发言。部分中央领导同志也参与了学员们的分组交流讨论。

通过学习研讨，时不我待的紧迫感在学员们心中油然而生，敢挑重担的责任感在学员们心中逐渐增强。

一位来自东部相对欠发达地区的学员表示，当前，一些基层干部群众仍把新常态混同于一般的经济波动，寄希望于忍一忍、挺过去，等待经济刺激政策，然后"涛声依旧"，必须着力加深大家对这个问题的理解认识。

"'十三五'及今后一个时期，我国仍处于发展的重要战略机遇期，经济发展长期向好的基本面没有变。我们要坚持以经济建设为中心，坚持发展是硬道理的战略思想，变中求新、新中求进、进中突破，推动我国发展不断迈上新台阶。"学员们说。

——这是对实现什么样的发展、怎样发展思想理念的再统一。

"创新、协调、绿色、开放、共享"，习近平总书记在开班式上对党的十八届五中全会提出的新发展理念做了进一步深刻阐释。

"'五大发展理念'回答了新常态下实现什么样的发展、怎样发展的重大命题。'五大发展理念'是完整的体系，必须准确理解把握，坚决贯彻落实。"学员们表示。

在深入研读中升华思想，在讨论交流中启迪互鉴。连日来，学员们结合学习体会和工作实际，畅谈对新发展理念的认识理解。

"实现农业现代化，就要创新强农、协调惠农、绿色兴农、开放助农、共享富农。"一位来自农业系统的学员说，"十三五"期间，农业发展要贯彻"五大发展理念"，保供给、保收入、保生态，为全国人民"搞饭"，为农民朋友"搞钱"，为城市居民"搞绿"，确保农业好形势不逆转、农民增收不徘徊、农村生态有改善。

一位来自环保系统的学员谈到，总书记关于绿色发展的论述，展现出想人民之所想的伟大情怀，其中既有对环境问题的深深担忧，也有解决环境问题的坚定决心。实现全面小康，必须补齐生态建设这块短板，让青山绿水常在。

在讨论"共享"的发展理念时，一位来自西部省份的学员表示，没有西部的小康就没有全国的小康，践行以人民为中心的发展思想，缩小收入差距、贫富差距、东西部差距，实现共同富裕，体现着社会主义的本质要求。西部发展离不开政策支持,更要增强内生动力。

分组讨论中,插话、争论、询问的情形时常出现;笔记本上,心得体会、发言要点写满一页又一页……研讨班上,来自中央和国家机关、东中西部地区、解放军及武警部队的学员从不同角度谈体会、说认识、讲打算,弘扬理论联系实际的学风,在碰撞思想中实现学学相长,进一步树立起崇尚创新、注重协调、倡导绿色、厚植开放、推进共享的思想自觉、行动自觉,增强了向以习近平同志为总书记的党中央看齐,向党的理论创新成果看齐的意识。

——这是用马克思主义中国化的最新理论成果指导实践的再示范。

"减少无效和低端供给,扩大有效和中高端供给,增强供给结构对需求变化的适应性和灵活性,提高全要素生产率。"习近平总书记在开班式上再次阐释供给侧结构性改革的内涵要义。

"总书记的讲话是马克思主义政治经济学在当代的新飞跃,深化了我们对推进供给侧结构性改革现实必然性的认识。"学员们表示,推进供给侧结构性改革是大势所趋、形势使然,是正确认识经济形势后开出的治理良方。

"影响经济发展的因素有总量问题,但结构性问题更加突出,供给侧的问题日益凸显";"解决我国经济供给侧存在的问题,尤其要通过推动科技创新、发展实体经济、保障和改善人民生活等措施来实现";"要着力加强供给侧结构性改革,实现由低水平供需平衡向高水平供需平衡的转变,为长远发展筑牢根基"……学员们在对供给侧结构性改革的热烈讨论中,厘清了思想认识,坚定了改革信心。

把习近平总书记的讲话精神变成推动发展的强大动力,关键在各级领导干部的认识和行动。"战略上要着眼于打好持久战,坚持稳中求进,把握好节奏和力度;战术上要抓住关键点,致力于打好歼灭战,主要是抓好去产能、去库存、去杠杆、降成本、补短板'五大重点任务',既要有绵绵用力、久久为功的韧劲,也要有立说立行、立竿见影的狠劲……"连日来，学员们在学中明确前进的方向，制定行动的计划。

新常态要有新状态，新理念呼唤新作为。

告别为期4天的学习，学员们以更加饱满的热情和坚定的信心奔赴各自工作岗位，迎接"十三五"开局之年的机遇与挑战。

明大势才能谋大事。"十三五"时期，我国经济发展的显著特征就是进入新常态。全面认识和把握新常态，需要从空间和时间大角度审视我国发展。从时间上看，我国发展经历了由盛到衰再到盛的几个大时期，今天的新常态是这种大时期更替变化的结果。从空间上看，我国出口优势和参与国际产业分工模式面临新挑战，经济发展新常态是这种变化的体现。可以说，新常态是我国经济向形态更高级、分工更优化、结构更合理的阶段演进的必经过程。因此，要因势而谋、因势而动、因势而进，把适应新常态、把握新常态、引领新常态作为贯穿发展全局和全过程的大逻辑，更好发挥主观能动性，更有创造精神地推动发展。

新常态要有新作为，新作为要有新理念。要清醒地认识到，新常态下，我国经济增长速度要从高速转向中高速，发展方式要从规模速度型转向质量效率型，经济结构要从增量扩能为主转向调整存量、做优增量并举，发展动力要从主要依靠资源和低成本劳动力等要素投入转向创新驱动。实现这样广泛而深刻的变革并不容易，对我们是一个新的巨大挑战。理念是行动的先导，发展理念引领发展实践。我们党提出的创新、协调、绿色、开放、共享的五大发展理念，集中体现了今后五年乃至更长时期我国的发展思路、发展方向、发展着力点，深刻揭示了实现更高质量、更有效率、更加公平、更可持续发展的必由之路。以新理念把握引领新常态，坚持变中求新、新中求进、进中突破，才能破解发展难题、增强发展动力、厚植发展优势，推动我国发展不断迈上新台阶。

以新理念把握引领新常态，关键要按照习近平总书记的要求，做到"五个着力"：着力实施创新驱动发展战略，抓住创新这一牵动经济社会发展全局的"牛鼻子"，把发展基点放在创新上；着力增强发展的整体性协调性，把握"协调"这一决胜全局的制胜要诀，处理好局部和全局、当前和长远、重点和非重点的关系；着力推进人与自然和谐共生，推动形成绿色发展方式和生活方式，协同推进人民富裕、国家强盛、中国美丽；着力形成对外开放新体制，不断探索实践，提高把握国内国际两个大局的自觉性和能力，提高对外开放质量和水平；着力践行以人民为中心的发展思想，做到发展为了人民、发展依靠人民、发展成果由人民共享，不断朝着全体人民共同富裕的目标前进。

适应新常态、把握新常态、引领新常态是贯穿当今乃至今后我国发展全局和全过程的大逻辑。在这次专题研讨班上，习近平总书记深刻阐述供给侧结构性改革的定位、依据、目标与施策重点。领会好、领会透这一精神，我们才能在"十三五"开局之年，瞄准主攻方向，打好改革攻坚战，培育增长新动能，开创发展新局面。

生产决定消费，消费是生产的目的。从政治经济学的角度看，供给侧结构性改革的根本，是使我国供给能力更好满足广大人民日益增长、不断升级和个性化的物质文化和生态环境需要，从而实现社会主义生产目的。供给和需求是市场经济内在关系的两个基本方面，没有需求，供给就无从实现，新的需求可以催生新的供给；没有供给，需求就无法满足，新的供给可以创造新的需求。供给侧管理和需求侧管理构成宏观调控的两个基本手段，需要相互配合、协调推进。

以供给侧为重点，还是以需求侧为重点，要依据宏观经济形势作出抉择。我国经济发展面临问题的主要方面在供给侧。比如，一些行业和产业产能严重过剩，同时大量关键装备、核心技术、高端产品还依赖进口。再比如，农业发展形势很好，但有些农产品却不能很好适应需求变化，群众不买账。还比如，一些有大量购买力支撑的消费需求在国内得不到有效供给，消费者将大把钞票花费在出境购物、"海淘"购物上。我国不是需求不足，或没有需求，而是需求变了，供给的产品却没有变，质量、服务跟不上，带来大量"需求外溢"，消费能力严重外流。解决这些结构性问题，必须推进供给侧改革。

从供给侧发力，重点是解放和发展社会生产力，用改革的办法推进结构调整。当前世界经济结构正在深刻调整，国际市场有效需求急剧萎缩，迫切需要我们找准在世界供给市场上的定位。国内经济增速下降、工业品价格下降、经济风险发生概率上升等，这些问题不是周期性的，而是结构性的，供给结构错配问题突出。因此，必须把改善供给结构作为主攻方向，实现由低水平供需平衡向高水平供需平衡的新跃升。

推进供给侧结构性改革，正如习近平总书记所强调的，要从生产端入手，重点是促进过剩产能有效化解，促进产业优化重组，降低企业成本，发展战略性新兴产业和现代服务业，增加公共产品和服务供给。要通过一系列政策举措，特别是推动科技创新、发展实体经济、保障和改善人民生活的政策措施，来解决我国经济供给侧存在的问题。从国际经验看，一个国家发展从根本上要靠供给侧推动。一次次科技和产业革命，带来一次次生产力提升，创造着难以想象的供给能力。当今时代，社会化大生产的突出特点，就是供给侧一旦实现了飞跃性创新，市场就会以波澜壮阔的交易生成进行回应。因此，推进供给侧改革，必须牢固树立创新发展理念，推动新技术、新产业、新业态蓬勃发展，让科技的飞跃为经济的发展提供强劲动力。

国家的发展，民族的复兴，人民的福祉，说到底要靠生产力的进步与跃升。深化认识、下定决心，动真碰硬地干下去，我们就能为经济持续健康发展提供源源不断的内生动力。

以上可以看出，推动供给侧结构性改革，是适应和引领中国经济新常态的必然要求和重大创新，是适应国际金融危机发生以后综合国力竞争新形势的主动选择。

由教育部人文社会科学重点研究基地——厦门大学宏观经济研究中心项目"中国季度宏观经济模型"（China Quarterly Macroeconomic Model，简称CQMM）定期系列研究成果之一《中国宏观经济预测与分析——2016 年春季报告》指出，为应对 2008 年爆发的国际金融危机，中国政府实施了以"四万亿"投资计划为代表的庞大的财政刺激政策,然而仅仅时隔两年,中国的经济增速就从回升再度掉头向下,持续下行至今。沉重的现实促使决策高层全面反思自 2009 年国际金融危机以来的以总量需求为主导,侧重需求面,"大水漫灌"的宏观调控政策的缺陷,以及长期以来一直致力于转变经济发展方式但却无法取得突破性进展的症结;并于 2015 年末提出了适应经济新常态,重在改善有效供给能力,提高经济增长质量的供给侧结构性改革新政,明确了"去产能、去库存、去杠杆、降成本、补短板"的五大重点任务以及"宏观政策要稳、产业政策要准、微观政策要活、改革政策要实、社会政策要托底"的宏观调控总体政策思路,坚定了从供给侧着眼,稳定经济增长,充分发挥我国经济巨大潜能的战略方向,做好产业结构调整的"加减乘除"四则运算,加快转变经济发展方式,培育形成新的经济增长动力。

供给侧结构性改革新政的提出是本届政府对过去数年关于中国经济增长的"三期叠加"和"新常态"判断的进一步探索和升华,是最高决策层基于当前经济形势全面深刻认识,针对现实经济中结构性、体制性、素质性问题,提出的治理方略。对于一个具备广阔内部市场的国家而言,在借助外部市场和工业化顺利跨越贫困增长阶段之后,其维持经济持续增长的关键早已转向国内,制约中国经济发展的症结是非均衡发展下的结构性、体制性矛盾而非周期性和外部性冲击。产能过剩与有效供给不足并存是目前中国经济的典型特征。

因此,做好供给侧结构性改革,关键在于清楚地认识需求结构及其基本发展变化趋势。适应中等偏上收入向发达经济过渡阶段的需求结构转换,解决供给结构无法适应需求结构转换而适时调整的各种体制性、政策性障碍,市场机制将比看得见的手更快、更好、更彻底地实现供给结构调整。

首先,过去 20 多年来,随着中国顺利地由一个低收入国家升级为中等偏上收入的经济体,居民的消费结构也随之发生巨大的变化。居民消费支出中的食品、衣着及家庭设备支出比重大幅度降低,住房、交通等重型消费的支出比重迅速上升。1992—2014 年,中国城镇居民的食品、衣着及家庭设备用品支出占总支出的比重,约下降了 31 个百分点,而居住和交通通信支出比重则提高了 27.1 个百分点。与之相应，中国逐渐形成以房地产、交通等产业为核心的投资架构。2014 年，固定资产投资中，房地产业、汽车制造业、铁路船舶等其他交通设备制造业占总投资的比重约为 27.3%，如果再加上与之配套的道路运输业和铁路运输业固定资产投资，比重将进一步增加到 33.7%，超过同期全部制造业的固定资产投资占比（33.3%）。

然而，伴随着经济增长，中国逐渐进入中等偏上收入向发达经济过渡的阶段。居民消费结构出现了新一轮的升级转换迹象，以住房交通和食品衣着等实物消费为主的消费结构，逐渐转变为服务消费与实物消费并重的消费结构。2014 年，中国城镇居民的食品、衣着及家庭设备用品支出占比约为 44.37%，居住和交通通信支出占比为 35.69%，分别比 2013 年下降了 0.27 和 0.11 个百分点，医疗保健、教育文化娱乐以及其他商品与服务支出占比约为 19.94%，比 2013 年提高了 0.38 个百分点。根据发达国家的转型升级经验看，新的需求有可能很快替代高速增长了近 20 年的住房交通消费需求，成为未来 10—20 年之内，中国经济的主要新增消费需求动力。

与居民消费结构正在悄然升级的趋势相悖的是，投资结构却并未随之发生明显的结构性改变。服务业中，教育、卫生行业的固定资产投资占比分别由 2004 年的 3.05% 和 0.71% 降为 2013 年的 1.24% 和 0.60%，远远落后于房地产业、交通业的投资；文体、体育和娱乐业的投资占比 2013 年也仅为 1.12%。

投资和消费需求结构相悖使得产能过剩与供给不足同时并存。一方面，1999—2015 年，所有工业行业的产品库存年平均增长率高达 12.1%，其中与房地产业、交通业息息相关的上下游产业，如有色金属冶炼和压延加工业（16.3%）、黑色金属冶炼和压延加工业（13.7%）、黑色金属矿采选业（22.6%）、煤炭开采和洗选业（17.2%）、家具制造业（15.0%），甚至是一些关联程度不大但相对行业竞争性较强的行业，如食品制造业（13.0%）、纺织服装鞋帽制造业（14.0%）、农副食品加工业（15.9%）、木材加工和木竹藤棕草制品业（15.9%）等，均呈现出更高的产品库存年增长率。另一方面，现代服务业产品，尤其是与过渡阶段居民消费升级方向相关的医疗、教育方面的产品供给却严重不足。2014 年，全国中小学在校师生比、每万人拥有医院数和病床数分别为 0.066、0.189 和 36.27，约为 1978 年的 1.67、1.96 和 3.17 倍，同期实际人均 GDP 的增长却高达 19.78 倍。中小学上学难、就医难、养老难已经成为全国性问题。

其次，以史为鉴，前一个阶段顺利跨越贫困陷阱、实现居民消费结构升级与供给结构的匹配，主要动力来自 20 世纪 90 年代初，伴随居民消费支出逐渐转向住房、交通支出为主，我国在房地产行业实行了市场化改革，在交通行业尤其是汽车行业较早地实行对外开放、引进外资、合资经营，极大地释放了住房、汽车等相关产品的供给能力，满足了居民消费需求的升级变迁，从而实现资源的优化配置和效率使用。而现阶段，由于教育、医疗等产业长期以事业单位的反市场形式存在，缺乏运用看不见的手进行调节，热衷于看得见的手进行管制。一方面，由于资源垄断限制供给，使得产品供给能力严重不足，供不应求；另一方面，又通过政府行政手段实现价格管制，扼杀价格对垄断行为的制约作用，进一步放大需求，造成更为严重的供需不匹配。因此，可以判断，尽管当前中国经济存在严重的产能过剩问题，但这并不是总需求不足，而是供给结构不能满足需求结构变化所带来的挑战。而造成供给结构无法匹配消费需求结构变化的主要原因在于体制改革滞后、政府垄断严重。

第三，要充分发挥"看不见的手"在调节供给结构方面的作用，下一个阶段必须围绕未来 5—10 年、10—20 年的居民消费需求结构的趋势变化，借助于体制改革、机制创新、市场开放等相关措施，淘汰落后产能，构建能够满足新消费结构的产品和现代服务供给体系，形成有效供给，重塑经济增长的新动力。这既有利于供给侧结构性改革的加法和乘法操作，做到有的放矢，进一步明晰供给侧结构调整工作的重点和方向，同时，也可避免过剩产能问题的循环出现，使得新形成的供给能力与消费需求相适应，实现以新供给创造新需求、新需求推动新消费、新消费倒逼新产业产生的创造性破坏的良性产业演进过程。供给侧结构性改革的关键是放松管制、释放供给活力、让市场看不见的手发挥更大作用，提高投资有效性。

另外，从我国居民消费结构的演变趋势分析，《中国宏观经济预测与分析——2016年春季报告》指出，过去20多年来，随着中国经济顺利突破贫困障碍，中国居民的消费行为呈现出以下两个特征：

第一，食品衣着类支出在总支出中的比重大幅度下降，由原先近七成以上，逐渐降到五成以下。与此同时，交通通信和住房的支出大幅提高，逐渐成为消费支出的重要组成部分。这种消费结构的演变，基本符合发展经济学的理论预期，也与以往的国际发展经验相一致。当一个国家由贫穷向中等收入过渡时，随着资本财富的积累，消费者会逐渐降低对食品、衣着等满足最基本生存物品的消费，而逐渐提高对更高层次的实物消费比重。这就从需求层面解释了中国的汽车和房地产业在过去20年间的高速增长。可以说，恰恰是因为居民对交通和住房的强烈需求，使得一旦制约这两大产品供给的体制障碍被突破，两个产业很快就发展起来，并迅速成为支撑经济增长的支柱产业。

第二，教育文化娱乐、医疗保健等服务产品的支出比重较低，不及全部支出的20%。并且，从趋势上看，自2002年以来，这两类支出的占比还呈现出下降的趋势。这其中，一方面是由于住房、交通通信等现阶段居民主要消费项目占比提高带来的挤压；另一方面，也与这些服务产品本身的供给机制不畅、价格高企息息相关。

由此，我们可以看出，从现有的消费结构出发，未来5—20年，中国居民的消费结构将会进一步演变。理论上，随着一个国家经济由中等偏上收入经济体向发达经济体的过渡，居民消费的结构将开始由以实物消费为主转变为服务消费与高质量的实物消费并重，渐趋服务消费为主的消费结构。对比韩国的转型发展经验，这一判断基本成立。在今后10年之内，随着中国从中等偏上收入经济体向高收入经济体（"十三五"期间人均名义GDP将突破10000美元）过渡，中国居民的消费结构将出现新一轮的升级转换。以住房交通和食品衣着等实物消费为主，逐渐转变为以服务消费与高质量的实物消费并重。它将逐步替代已高速增长了近20年的住房交通消费需求，成为未来10—20年之内，中国经济的主要新增消费需求动力。

　　事实上，经过 30 多年的高速增长，东部沿海发达地区已经接近或达到高收入国家的水平，居民的消费能力和消费观念也发生了明显改变。实物产品消费中住房汽车比重大幅度上升，服务消费需求，包括健康、便捷的生活，优质的教育、娱乐、文体产品等等随之扩张，由此也触发了近些年来健身、娱乐、旅游、智能设备、互联网以及信息产业的高速发展。在实物消费方面，居民对产品质量的要求越来越高。以往对于淘宝等网购网站的评价多集中在价格便宜，而现在则开始关注产品质量的好坏、是否为假货等等；以往出国购物的品种，多以奢侈品为主，而现在出国购物已经逐渐铺开到日常用品，充分说明，随着收入水平的提高，国内部分居民的需求偏好已向发达国家的普通居民趋近，由此，对产品的品质要求也在提升。

　　然而，与消费结构正在悄然升级的趋势相悖的是，当前中国经济供给结构的一大特征是实物产品的产能大部分过剩甚至严重过剩。其中，既包括一般消费品产能，也包括以出口为导向的劳动密集型产品产能，也包括为近 20 年的住房消费所刺激起来的房地产产能，以及服务于它们的上游产业产能。

　　如果我们从经济发展导致需求结构转换的角度观察这一问题，我们会发现：这些产业，不仅要去库存，而且必须去产能。因为，随着需求结构的转换，这些产业的需求将无可挽回地走向萎缩。不可能指望挺过严冬就是春天。

　　以房地产为例。从城镇居民人均居住面积看，2012 年，中国城镇居民人均住房面积就已达到 32.9 平方米，进一步增长的空间有限。2015 年中国房地产开发投资额约为 9.60 万亿元，同比 2014 年仅名义增长 1%，预计 2016 年房地产开发投资额将呈现下降趋势。

　　一般消费品产业、以出口为导向的劳动密集型产业、服务业的上游产业也面临着壮士断腕式的去产能。问题是：如果只有单纯地去库存、去杠杆、去产能，经济只会因此而螺旋形下滑。因此，在去的同时，更为重要的是加。在需求结构转换的背景下，供给侧结构性改革的另一个关键是根据需求结构发展变化的趋势，增加有效产能，开辟投资新领域。

第三章　如何理解"供给侧改革"的"五大总体思路"

2015年11月10日上午，中共中央总书记、国家主席、中央军委主席、中央财经领导小组组长习近平主持召开中央财经领导小组第十一次会议，研究经济结构性改革和城市工作。习近平发表重要讲话并强调，推进经济结构性改革，是贯彻落实党的十八届五中全会精神的一个重要举措。要牢固树立和贯彻落实创新、协调、绿色、开放、共享的发展理念，适应经济发展新常态，坚持稳中求进，坚持改革开放，实行宏观政策要稳、产业政策要准、微观政策要活、改革政策要实、社会政策要托底的政策，战略上坚持持久战，战术上打好歼灭战，在适度扩大总需求的同时，着力加强供给侧结构性改革，着力提高供给体系质量和效率，增强经济持续增长动力，推动我国社会生产力水平实现整体跃升。

推进供给侧结构性改革，既有明确的理念，也有清晰的思路，还有具体的任务。即各地区各部门要按照创新、协调、绿色、开放、共享五大发展理念的要求，适应经济发展新常态，实行宏观政策要稳、产业政策要准、微观政策要活、改革政策要实、社会政策要托底的"五大总体思路"，围绕去产能、去库存、去杠杆、降成本、补短板"五大重点任务"，坚定地干、大胆地干、扎实地干、精准地干、决不回头地干。

按照"十三五"规划纲要目标测算，今后五年，我国经济保持中高速增长的目标，2016 年至 2020 年经济年均增速不低于 6.5%。然而，发展目标背后是阻碍中国经济转型升级的层层路障——产能过剩、企业效益和财政收入下滑、创新能力不足、虚拟与实体经济"对流"不畅等不协调的诸多矛盾和问题。因此，供给侧结构性改革必须在应有的政策环境下才能发挥作用。中央明确的"五大总体思路"为应有环境构建了框架。

宏观政策要稳，就是要为结构性改革营造稳定的宏观经济环境。产业政策要准，就是要准确定位结构性改革方向。稳定经济运行是结构性改革的一个基础，所以经济运行仍然要保持在合理的区间。产业政策要准才能准确定位结构性改革的大方向。国家的产业政策主要是从政府指定什么样的产业转向功能性，为企业在市场中发现新的增长点来创造一个好的政策环境。宏观与微观、当前与长远，是政策引导均需兼顾的目标。微观政策要活，就是要完善市场环境、激发企业活力和消费者潜力。对企业而言，政府要做好为企业服务的工作，在制度上、政策上营造宽松的市场经营和投资环境，鼓励和支持各种所有制企业的创新发展，保护企业产权和合法权益；对消费者而言，要营造商品自由流动、平等交换的市场环境，破除各种市场壁垒和地方保护，使有效供给能够顺畅地到达消费者手中。改革政策要实，就是要加大力度推动改革落地。当前尽管深水区的改革推进面临诸多挑战，但必须抓住关键点推出操作性强的改革举措。但是，结构性改革和经济转型升级的同时不可避免地会带来社会阵痛。实施一系列结构性改革，必须以人民群众共享改革成果为初衷，以基本公共服务提供为主要内容的实惠政策发挥托底作用十分关键。

一、宏观政策要稳——为结构调整营造稳定宏观环境和更好制度环境

为确保 2020 年全面建成小康社会目标的实现，中央明确提出，"十三五"时期中国经济年均增长至少要达到 6.5%。进入新常态的中国经济，面临错

综复杂的国内外环境，经济下行压力明显。未来五年，要确保中国经济增长"换挡"而不失速、稳定在中高速增长水平，必须持续推进经济结构性改革，为经济增长增添新动力。

1. 稳住宏观才能为经济结构性改革创造条件

投资、消费、出口是经济学意义上"需求侧"拉动经济增长的"三驾马车"。2015年1至10月份，制造业投资增速与前9个月持平；房地产与基础设施投资双双下滑，分别比1至9月回落0.6和0.7个百分点。10月出口降幅较上月进一步扩大。只有消费增速10月比9月加快了0.2个百分点。

投资和出口，"需求侧"的两大动力不足，另一大动力消费的潜力尚未充分激发，使得当前稳增长任务艰巨。

中国经济体量巨大，如果形成惯性下滑，会引发经济运行紊乱和系统性风险，甚至影响全面建成小康社会的进程。中国经济增长正处在从高速向中高速转换的关键期，经济增长动力转换尚未完成，确保经济不失速需要稳定的宏观经济政策和高超的宏观调控技巧。

经济进入新常态，其背后是国内外环境的深刻变化。从全球看，世界经济在深度调整中复苏乏力，国际金融危机深层次影响在相当长时期依然存在，全球各主要经济体分化势头明显。与此同时，新一轮科技革命和产业革命蓄势待发，发达国家纷纷采取"再工业化"战略，中国传统的低成本、低价格竞争优势逐渐削弱。从国内看，中国经济发展不平衡、不协调、不可持续的问题依然突出，人民群众需求从"有没有"转向"好不好"的过程中，供给面无法适应需求面升级的矛盾愈发凸显。适应经济发展新常态，要实现供给和需求在新条件下的对接和平衡。但从短期看，首先要稳住需求，保持必要的需求增长水平，才能让经济增长稳定在中高速水平，为经济结构性改革创造条件。在"稳"的基础上才能求"进"，加强供给侧结构性改革，为经济中长期持续增长注入新动力。

中央财经领导小组第十一次会议强调，宏观政策要稳，就是要坚持积极的财政政策和稳健的货币政策，为经济结构性改革营造稳定的宏观经济环境。

从需求侧的角度看，当前最关键的任务是维护宏观经济环境的稳定，这不仅仅是稳住 GDP 增速，而且要把稳就业、稳消费、稳预期，以及确保不发生区域性和系统性金融风险作为"稳"的内涵和底线，在此基础上加快改革和结构调整。

实施积极的财政政策，是党中央、国务院在 1998 年审时度势作出的一项重大决策。这些年来，积极的财政政策在我国经济生活中担当了极为重要的角色，尤其在 20 世纪 90 年代对抗亚洲金融危机彰显了巨大作用。积极的财政政策，就是通过扩大财政支出，调整收入分配，使财政政策在启动经济增长、优化经济结构中发挥更直接、更有效的作用。在需求不振、经济增长乏力阶段，实施积极的财政政策，不需要中间传导过程，时滞短，对经济的拉动作用明显。我国政府提出和实施的积极财政政策，是有其特定的经济社会背景和政策涵义的。

1997 年下半年以来，亚洲部分国家金融危机和日本经济衰退打乱了世界经济发展的正常节奏，使全球经济发展进入了低速增长区间。到 2001 年，占世界经济总量 70% 的美、日、欧三大经济体同时陷入低迷状态，经济增长率分别只有 0.3%、0.4% 和 1.5%；全球经济增长 2.4%，全球贸易只增长 0.1%。在这种情况下，为保持经济持续稳健增长，人民生活水平提高，我国开始实施积极的财政政策。

首先，积极的财政政策是就政策作用大小的比较意义而言的。改革开放以来，由于多种原因，我国财政收入占 GDP 的比重，以及中央财政收入占全部财政收入的比重不断下降，出现了国家财政的宏观调控能力趋于弱化、"吃饭财政"难以为继的窘境。20 世纪 90 年代后期，面对中国经济成功实现"软着陆"之后出现的需求不足、投资和经济增长乏力的新形势及新问题，特别是面对亚洲金融危机的冲击和影响，必须使我国财政政策尽快从调控功能弱化的困境中走出来，对经济增长发挥更加直接、更为积极的促进和拉动作用。这就是"更加积极"或积极的财政政策的主要涵义。

其次，积极的财政政策是就我国结构调整和社会稳定的迫切需要而言的。

随着改革开放的深入，市场化程度的不断提高，我国社会经济生活中的结构性矛盾也日渐突出，成了新形势下扩大内需、开拓市场、促进经济持续快速健康发展的严重障碍。而作为结构调整最重要手段的财政政策，显然应在我国的结构优化和结构调整中，发挥比以往更加积极的作用。此外，由于 20 世纪 90 年代社会收入分配差距扩大，国有企业改革中下岗、失业人数增加，城市贫困问题的日渐显现等原因，作为社会再分配唯一手段的财政政策，也必须在促进社会公平、保证社会稳定方面发挥至为关键的调节功能。这是市场机制和其他政策手段所无法替代的。形势的变化，紧迫的客观需要，使中国的财政政策不能不走上前台，充分发挥其应有的积极作用。

第三，积极的财政政策不是一种政策类型，而是一种政策措施选择。中外的经济理论表明，现代市场经济条件下的财政政策，大体可分为扩张性财政政策、紧缩性财政政策和中性财政政策等三种类型。如 20 世纪 30 年代美国的"罗斯福新政"，及其与之配套、至少实行了 10 年之久的扩张性财政政策；日本自 20 世纪 60 年代以来所奉行的扩张性财政政策等，都具有这种政策特征和政策取向。

从 1998 开始，我国连续实行了旨在扩大内需的积极财政政策。其政策内容主要包括：

发行长期建设国债，带动全社会固定资产投资。如 1998 年至 2003 年近 6 年间，共发行长期建设国债 8000 亿元，按前 5 年带动比率 1:5 测算，拉动形成投资总规模 3.5 万多亿元，集中力量建成了一批关系全局的重大基础设施项目，基础设施的"瓶颈"约束基本改观，经济结构优化也取得明显成效。

注重发挥税收政策的作用，支持扩大国内外需求。从 1999 年 7 月 1 日起减半征收固定资产投资方向调节税，2000 年开始暂停征收；从 1999 年 7 月 1 日起，对符合国家产业政策的技术改造项目购置国产设备的投资，按 40% 的比例抵免所得税；连续多次提高出口退税率，使我国出口货物的平均退税率由原来的 8% 左右提高到 15% 左右；从 1999 年 11 月 1 日起，对居民存款利息恢复征收个人所得税，到 2003 年底累计组织收入超过 1000 亿元。这些税收政策的调整和实施，有利于扩大国内外需求。

注重调整收入分配政策，增强居民消费能力和企业自主投资能力。1999年以来，我国多次提高机关事业单位职工工资标准，使机关事业单位职工月人均基本工资水平，由1998年的400元提高到2003年的877元。同时，提高了社会保障水平。这些收入分配政策的调整和实施，有利于增强居民消费能力。

结合财政体制完善，强化财政政策作用。1997年到2003年，中央财政本级收入年均增长18.7%；相应地，中央财政本级收入占全国财政收入的比重也由49.5%上升到54.6%。在此基础上，中央财政不断加大对地方的转移支付力度，1997年至2003年年均增长20.4%，有力地促进了各地区经济社会的协调发展。

2011年起，我国告别"积极的财政政策和适度宽松的货币政策"组合，转而实施"积极的财政政策和稳健的货币政策"。这一财政政策相对扩张、货币政策相对中性的政策组合拳一直延续至今。

从2008年至2011年4年间，根据全球经济形势，特别是在国际金融危机冲击下，我国经济发展下行压力加大且面临种种不确定性，实行一松一紧的调控政策，既有利于防范前几年积累的流动性带来的物价上涨压力，也能更好突出结构导向，增加有效供给。而随着国际经济形势的变化，我国宏观调控思路也随之调整变化。宏观调控强调稳字当头、稳中有为。

稳健的货币政策，是指根据经济变化的征兆来调整政策取向，当经济出现衰退迹象时，货币政策偏向扩张；当经济出现过热时，货币政策偏向紧缩。这种政策取向的调整，最终反映到物价上，就是保持物价的基本稳定。在我国货币政策管理中，中央银行是以比较平稳的货币供应量增长来实现稳健的货币政策操作的。从一般货币理论看，对货币供应量的增长有两种不同的操控手段：恒定与权变。前者认为，只要货币供应量保持固定增长率，公众就会作出合理预期，从而使物价收敛于稳定。后者认为，货币供应量应随经济的变动，由央行随时调节。前者的缺点是过于僵硬，在现实中几乎无法运行；后者则因政策制定者预测的主观性与公众对未来预期的不确定性的冲突而受到挑战。因此，不少国家采用预先公布货币供应量增长区间的方式进行调控。

2.宏观经济管理思路需要与时俱进不断创新

中央财经领导小组第十一次会议上指出，在适度扩大总需求的同时，着力加强供给侧结构性改革，着力提高供给体系质量和效率，增强经济持续增长动力，推动我国社会生产力水平实现整体跃升。

从需求侧转向供给侧，不仅是经济学词汇的选择，更意味着决策层宏观经济管理思路的不断创新。面对经济增速放缓，传统意义的宏观调控常用"两手"：一是货币政策更为宽松，用以扩大贷款、刺激投资；二是财政政策更为积极，用以扶持企业和消费者。其主要落点都在需求侧。这两方面政策在短期抑制经济下滑上能取得较好的效果。但如果长期、过度使用，则会带来生产要素错配、投资回报递减、产能过剩加重、企业活力下降等副作用，最终给经济带来结构性破坏，地方债、影子银行等风险也会加速累积。

当前制约我国经济发展的主要矛盾来自结构，而非总量。瑞士信贷亚太区首席经济师陶冬著文称，以凯恩斯经济理论为基础的需求端经济政策，以协调经济总量为主，虽一时间垫高需求，维持较高的经济增速，但久而久之会催生出经济的失衡、错位。在中国继续扩大投资等需求端政策，不仅效用递减，而且对结构性调整力有不逮，甚至被延缓。在经济面临较大下行压力下，企业经营困难普遍加剧。宏观政策要稳，意味着对周期性调控政策进行灵活调整，营造稳定中性的宏观环境。如同开飞机，如果碰到涡流，需要调整飞行方法，保证飞行的稳定性。

面临巨大的经济下行压力，当前唯有保持宏观政策稳定性，同时避免"大水漫灌"，精准发力、定向调控，为坚定不移推动经济结构性改革营造稳定良好的宏观环境。"十三五"期间，"三驾马车"作用依然存在，但不是通过扩张性的刺激政策拉动，而是通过供给侧改革和效率提升扩展空间。投资方面，强调发挥有效投资对经济增长的作用；消费方面，通过供给侧创新实现居民消费升级；出口方面，强调提高出口竞争力，形成新竞争优势。

国家统计局公布的最新数据显示，2015年全年，全国居民消费价格指数

（CPI）同比上涨 1.4%，其中食品价格上涨 2.3%，非食品价格上涨 1.0%。经济界分析指出，我国消费趋势整体向好，预计 2016 年 CPI 将微升至 2.7%，通胀温和回升。央行继续降息倾向依然较强，除货币政策外，国家也将全力推进消费需求扩大。然而，扩大消费需求是系统工程，既包括扩大需求层面的消费能力、消费预期、消费意愿，也包括创新提高供给层面的商品及服务供给水平、消费环境等。

如商务部新闻发言人沈丹阳表示，商务部门立足搞活流通促消费，立足推动消费结构升级，核心还是要通过发展现代流通、完善市场体系、改善消费环境、培育市场增长点，引导消费朝着智能、绿色、健康、安全的方向转变。在商贸流通供给层面，商务部明确将从四个方面扩大消费，一是大力支持流通创新；二是打造中国品牌公共服务平台；三是增加居民生活服务有效供给；四是营造安全放心的消费环境。

消费者的消费需求是多种多样的、不断变化的、持续升级的，目前有很多需求存在供给不足的现象，满足不了人民群众的消费需求。因此，扩大消费要创造有效供给，而创造有效供给关键在有效。例如，在新兴消费兴起的同时，偏爱采购国外商品的"海淘一族"无疑会通过互联网带动一部分消费外流。面对这一部分消费力量外流，只有采取供给侧改革才能够从根本上改变这一现象。

宏观调控绝不是一成不变的，而是根据国内外经济形势的变化，选择相适应的政策，相机调控。2008 年，在全球金融危机的猛烈冲击下，我国推出了"四万亿"的刺激政策，抵抗住了全球金融危机。但随着经济形势的变化，尤其是2010年前后我国出现了部分产业产能过剩、经济结构部分失衡等问题，由此，我国的宏观调控政策也做出了与之相适应的调整。

在 2011 年 03 月召开的中国发展高层论坛上，著名经济学家吴敬琏就指出，我们经过过去两年用超强的刺激政策拉动经济增长速度回升以后，面临着以下两个主要问题。一是我们长时期存在的过度储蓄和消费不足这种不平衡的情况继续存在。保持 GDP 的持续平稳增长，缺乏内在的动力，就是最终需求不足。二是过去10年的货币超发和流动性过剩。由于流动性过剩有一个时间的滞后期,它的后续效应逐步显现。首先是资产价格,房地产的价格、股票的价格居高不下,接着发生的就是从2010年开始显现的CPI的增长速度超过了温和的通胀水平,达到了5%,甚至是5%以上的水平。

吴敬琏说,这两个看起来互相矛盾的现象,其实是来自同一个原因:我们中国长时期以来采取一种用投资驱动的增长模式,这种增长模式它造成了投资率回报的不断下降和消费率的持续下降。而由于内需不足,就靠用了东亚国家和地区通常用的办法,用进出口顺差去弥补国内需求的不足,使得货币政策变得非常的被动,被动地采取了一种扩张性的货币政策,对外贸易和投资造成的外汇的盈余。面对这个情况,中国可以采取的对策看来是两个:一是采取稳健、灵活的财政和货币政策,维持宏观经济的稳定。当然,这有一定的难度,一方面因为长时期的货币超发,所以就需要紧缩。另一方面是因为现在投资的规模已经很大了,紧缩力度如果不足,那么就不能够实现宏观经济的稳定;如果紧缩的力度过强,它又会造成市场的崩溃或者其他的很大问题。但是这种稳定是短期的,它依靠的是短期政策,还是要把主要的注意力放在长期发展的问题上,也就是要实现经济发展方式的转型。改革是加快转变经济发展方式的强大动力,必须以更大的决心和勇气,全面推进各个领域的改革,使上层建筑更加适应经济发展方式的变化,为科学发展提供有力的保障。

3. 以制度性变革创造新供给、释放新需求

2015年7月,民营企业聚龙集团牵头打造的中国—印度尼西亚聚龙农业产业合作区被批准为天津市级境外产业园区,将为上下游产业链企业抱团"走出去"搭建平台。

尽管前景看好,但企业"融资难"问题却让副总裁孙卫军非常忧心。"金融资源和实体经济对接的不匹配让企业发展受困。"他说,"企业需要的不仅仅是稳定的宏观经济,还有推动企业稳定发展的制度环境。"

实现"十三五"规划建议设定的目标,未来改革的核心应是在供给侧入

手推动新一轮制度变革和创新，这样才可以有效缓解滞涨式的、中等收入陷阱式的风险，实现中国迫切需要的发展方式转变和可持续健康发展。

从简政放权到建立市场准入"负面清单"，从鼓励创新创业到为企业减税降费，顶层设计推进行政管理体制、财税、金融、价格、国企等领域改革……十八大以来，党中央、国务院在全面深化改革上不断发力，着力推进制度创新，在推进经济结构性改革中为中国经济创造新供给、释放新需求、打造新动力。当前中国经济社会发展已到达一个非比寻常的关键时期，应从供给端入手打造支撑经济发展的新动力机制，敢于冲破阻力推动改革向深水区迈进，从而释放中国经济社会更大的发展活力，加快经济发展方式转变，为实现中华民族复兴的伟大中国梦扫清道障。

2015 年 12 月 14 日，中共中央政治局召开会议，分析研究 2016 年经济工作。针对当前中国经济中的关键性问题，会议提出了一系列有针对性的具体举措，释放出"十三五"开局之年我国经济工作的一系列重要信号。会议强调保持经济运行在合理区间，着力加强结构性改革，在适度扩大总需求的同时，提高供给体系质量和效率。

中国经济进入新常态，面临的国内外环境发生深刻变化。新一轮全球科技革命和产业革命蓄势待发，中国传统竞争优势逐渐削弱。中国经济发展不平衡、不协调、不可持续的问题依然突出，供给面无法适应需求面升级的矛盾愈发凸显。适应经济发展新常态，要实现供给和需求在新条件下的对接和平衡。一方面要保持必要的需求增速，让经济运行在合理区间，为结构性改革创造条件；另一方面，在"稳"的基础上求"进"，加强供给侧结构性改革，以制度性变革创造新供给、释放新需求，为经济中长期持续增长注入新动力。

今年"两会"期间，国家发改委主任徐绍史也表示，我们必须用改革的办法推进结构调整，矫正要素配置的扭曲，扩大有效供给，提高供给结构对需求变化的适应性和灵活性，这样才能更好满足人民群众需要，促进经济社会持续发展。谈到如何在应对经济下行压力中发挥投资的关键作用，徐绍史说，要更好地发挥投资的关键作用，增加有效投资，来补短板、调结构，这也是我们政策工具箱里的一项政策。2016 年中央预算内投资安排 5000 亿元，将会抓住一些关键领域和薄弱环节，着力调结构、补短板，重点支持保障性安居工程、粮食水利、中西部铁路、科技创新、节能环保和生态建设等。在经济增长面临较大下行压力的情况下，持续推进供给侧性改革对于中国经济长期可持续发展至关重要。

2015 年 11 月，国务院印发《关于积极发挥新消费引领作用加快培育形成新供给新动力的指导意见》，全面部署以消费升级引领产业升级，以制度创新、技术创新、产品创新增加新供给，满足创造新消费，形成新动力。文件明确提出，坚持消费引领，以消费升级带动产业升级；坚持创新驱动，以供给创新释放消费潜力；坚持市场主导，以公平竞争激发社会活力；坚持制度保障，以体制创新培植持久动力。同月，国务院办公厅印发了《关于加快发展生活性服务业促进消费结构升级的指导意见》，这是中国推动生活性服务业发展的第一个全面、系统的政策性文件。分析人士指出，这意味着我国将发挥市场在资源配置中的决定性作用，以体制机制创新激发新活力，以消费环境改善释放新空间，以扩大有效供给满足新需求，推动消费和投资良性互动，产业升级和消费升级协同推进，创新驱动和经济转型有效对接。

2015 年 1 至 10 月份，我国制造业投资增速与前 9 个月持平；房地产与基础设施投资双双下滑，分别比 1 至 9 月回落 0.6 和 0.7 个百分点。10 月出口降幅较上月进一步扩大。只有消费增速 10 月比 9 月加快了 0.2 个百分点。可见，在拉动经济增长的"三驾马车"中，投资和出口动力不足，消费的潜力尚未充分激发，使得进入新常态的中国经济面临着巨大的下行压力。

当前，我国已进入消费需求持续增长、消费结构加快升级、消费拉动经济作用明显增强的阶段。《关于加快发展生活性服务业促进消费结构升级的指导意见》按照符合城乡居民消费升级的方向，拓展增长空间的思路，提出了服务消费、信息消费、绿色消费、时尚消费、品质消费、农村消费等六大领域，涉及教育、医疗、文化等各个领域，既可以弥补传统消费增长空间收窄的缺口，同时又有利于提升人力资本、增强创新驱动的基础能力。

经济界人士认为，发挥新消费的引领作用，沿着消费升级的需求来促进产业发展、产品升级，将引领带动有效供给扩大，解决低水平、低端供给过剩和高水平、高端供给不足的矛盾；引领带动制度创新，加快破除阻碍消费升级的体制机制障碍；引领带动消费环境改善，加快营造安全、便利、诚信的良好消费环境；引领发展政策系统优化，加快形成有利于消费升级和产业升级协同发展的政策环境。

近年来，我国服务业发展迅速，成为国民经济和吸纳就业的第一大产业。2015 年前三季度，服务业增加值占 GDP 的比重为 51.4%，比上年同期提高2.3 个百分点，高于第二产业 10.8 个百分点。文化、健康、养老、旅游、体育等消费需求火爆。数据显示，中国电影票房正以一天一亿元的速度快速增长，预计 2017 年市场规模将超过北美。业界预测，2025 年我国体育产业规模将由目前约 1 万亿元一举超越 5 万亿元。新消费既可以促进第三产业发展，又能推动新兴产业发展。产业结构升级反过来也将助推消费结构进一步升级。同时，通过新技术新业态加快供给侧结构性改革，有利于满足并激发更多潜在需求，可以推动消费乃至社会生产力水平的提升。

二、产业政策要准——找准方向引导经济转型升级

步入"十三五"的中国经济即将迎来转型升级的攻坚战。能否迈过转型升级这道坎儿，决定着中国经济未来发展前景。"供给侧结构性改革"的理念，明确提出"产业政策要准"，强调"产业政策要准，就是要准确定位经济结构性改革方向，发展实体经济，坚持创新驱动发展，激活存量增长动力，着力补齐短板，加快绿色发展，积极利用外资，积极稳妥扩大对外投资"。这意味着未来的产业结构调整将更多从供给侧出发，更加精准地发力，实现经济转型再平衡。

1. 经济转型关键在供给侧

中央财经领导小组第十一次会议提出，着力加强供给侧结构性改革，着

力提高供给体系质量和效率,增强经济持续增长动力。这为中国未来的产业结构调整政策指明了方向。

近年来,中国整体经济结构不断优化,经济发展正加快向第三产业主导的形态转变。然而,在产业结构表现出显著改善的同时,结构性矛盾依然突出。一方面,第三产业的提升潜力仍然十分大。根据国家统计局的统计数据,2015年全年,我国第三产业增加值占国内生产总值的比重为50.5%,比上年提高2.4个百分点,高于第二产业10个百分点。虽然我国经济结构进一步优化,但与欧美等发达国家70%以上的第三产业比重相比,中国三产在经济总量中的份额仍然较低。

另一方面,中国工业体系中传统工业较多,战略性新兴产业的增长难以弥补传统工业的萎靡,内部结构矛盾十分明显。例如有些产业,产能已经达到了物理性的峰值,价格再怎么降,产品也很难卖得出去,再怎么扩大投资,需求也很难消化现有的产能。同时有些产业,达到了资源环境约束的承载能力峰值。

当前,中国工业正处于结构调整、新旧动能转换的关键期。如2015年第三季度,工业内部行业分化走势更加明显,结构调整有序推进,新的增长动能逐渐累积。"两高"及产能过剩行业生产经营压力持续加大,呈现生产滑坡、价格下跌、效益恶化局面。从产量看,2015年前三季度,粗钢产量下降2.1%,水泥产量下降4.7%。从价格看,前三季度,煤炭、石油、钢铁、水泥、有色金属产业生产者出厂价格分别同比下跌15.6%、27.5%、18.8%、12.8%、10.9%。从效益看,前三季度,钢铁、煤炭、石油、水泥行业利润总额分别同比下降97.5%、60.2%、60.2%、37%,明显高于工业利润整体降幅。前三季度,钢铁行业销售利润率仅为0.05%,为工业最低,整个行业已濒临亏损。

技术密集型产业、与消费、环保等相关的行业发展欣欣向荣。数据显示,2015年1至9月份,高技术产业增加值增长速度仍然达到10.4%,比规模以上工业增长速度高出4.2个百分点。前三季度,与信息消费、文化消费相关的电子、文化娱乐用品等制造业生产继续呈较快增长;与节能减排相关的废弃资源综合利用业生产维持 20% 以上的高增速，与产业结构升级相关的医药、信息、化学品制造等高技术产业生产增速持续加快。而利润增长较快的行业仍是与消费相关的食品、家具、文教娱乐用品等制造业，以及医药、电子等高技术行业，利润增速均在 10% 以上。

综合分析这一错综复杂的形势，中国经济转型升级似乎陷入了一种困局。要打破这一困局，就必须打破以往的思维定式，从更长远的发展视角来寻找解决之道。

很显然，"十三五"期间，中国经济发展的重点并不是扩张经济总量，而是提高经济增长的质量和效率，也就是提高生产力。而供给侧结构性改革，关键正是提高经济增长质量和效益，全面提升中国各方面的要素生产力。这将作为一条主线，是中国经济下一步长期稳定发展的一个核心问题。而现阶段，政策着力点应放在加大供给侧调整力度上，引导过剩产能供给侧减量和结构调整，达到与需求侧相适应的新水平，价格企稳，企业营利能力恢复，才能实现转型再平衡。

对于这一问题，新一届领导人具有清醒的认识。2013 年 10 月 7 日，国家主席习近平在印度尼西亚巴厘岛出席亚太经合组织工商领导人峰会并发表题为《深化改革开放 共创美好亚太》的主旨演讲时就指出："我对中国经济持续健康发展抱着坚定信心。同时，我们对需求下滑、产能过剩、地方债务、影子银行等问题和挑战保持着清醒认识，对外部环境可能带来的冲击高度关注，正在采取稳妥应对举措，防患于未然。""我们不再简单以国内生产总值增长率论英雄，而是强调以提高经济增长质量和效益为立足点。事实证明，这一政策是负责任的，既是对中国自身负责，也是对世界负责。"

2014 年 11 月 15 日，国家主席习近平在澳大利亚布里斯班举行的二十国集团领导人第九次峰会第一阶段会议上作了题为《推动创新发展 实现联动增长》的发言，其中明确指出："应对国际金融危机期间，我们通过逆周期的刺激政策，熨平经济波动，短期效果明显，但这多是治标不治本。我们必须创新发展理念、政策、方式，更加重视增长质量和效益，特别是通过财税、金融、投资、竞争、贸易、就业等领域的结构改革,通过宏观经济政策和社会政策的结合,让创造财富的活力竞相迸发,让市场力量充分释放,推动经济从周期性复苏走向可持续性增长。"

2016年1月4日至5日,新年伊始,国务院总理李克强在山西太原考察时强调指出,受产能过剩和需求收缩影响,钢铁行业形势十分严峻,当前要把去产能、促升级作为紧迫任务,痛下决心进行结构调整,既治标又治本,既要采取多种方式出清落后产能,禁上新增产能项目,又要转变只在传统产业上做文章的观念,积极培育新产业、新业态等新动能。

在考察后,李克强总理随即在太原主持召开了钢铁煤炭行业化解过剩产能、实现脱困发展工作座谈会,研究部署相关工作。李克强说,钢铁和煤炭是重要基础性产业,为国家工业化做出了重大贡献。去年以来,受国内外市场需求明显下降、国际大宗商品价格持续下跌等影响,钢铁、煤炭行业产能过剩矛盾尤为突出,企业生产经营困难加剧,成为影响经济和就业稳定的一个突出问题。必须增强紧迫感,贯彻中央经济工作会议精神,树立发展新理念,着力推进结构性改革,妥善处理改革发展稳定关系,发挥中央、地方两个积极性,更多运用市场办法,坚决淘汰落后产能,分类有序化解过剩产能,统筹解决所需资金、人员安置和债务处理问题,帮助企业在调整结构中实现扭亏脱困增盈、走上发展新路,促进经济平稳运行。

李克强指出,化解过剩产能,要继续坚持以壮士断腕的精神,与深化改革、企业重组、优化升级相结合。一是严控新增产能。要在过去三年已化解钢铁9千多万吨、煤炭2亿多吨产能基础上,进一步加大力度,认真论证并合理确定未来三年钢铁、煤炭行业化解过剩产能目标。根据市场需求,设定钢铁和煤炭全国总量"天花板"。国家2013年以来已停止备案新增产能的钢铁项目,要加强督查落实,严格问责。原则上停止审批新建煤矿、新增产能技术改造和煤矿生产能力核增项目。二是淘汰落后产能。对环保、能耗、安全生产达不到标准和生产不合格或淘汰类钢铁产能要依法依规有序关停退出,拆除动力装置。凡采用国家禁止的采煤方法、工艺且无法实施技术改造或安全生产不合格的煤矿要坚决关闭淘汰，彻底封闭井口。应依法关停的十三类落后小煤矿，必须在 2016 年落实到位。三是优化存量产能。理顺要素价格市场形成机制，提高产业准入能耗、物耗、水耗和生态环保标准，促进企业产品升级，加快向高端、智能、绿色方向转型转产。鼓励企业开展上下游兼并重组，提高产业集中度。引导扭亏无望企业主动退出。四是开拓产能利用空间。支持企业利用"互联网＋"、国际产能合作和装备走出去等，积极拓展国内外市场。五是创造新的就业空间，为钢煤企业人员转岗提供支撑，支持传统企业开展"双创"。

李克强说，化解过剩产能要坚持"市场倒逼、企业主体、地方组织、中央支持、综合施策"，因地制宜运用经济、法律、技术、环保、质量、安全等差别化手段，打出政策"组合拳"。一是加大财税支持。中央设立专项资金，对地方和企业筹集的化解过剩产能资金进行补助，主要用于人员安置，支持力度与去产能规模挂钩。妥善解决企业办社会职能和历史遗留问题。二是加强金融扶持。完善债务处置、不良资产核销等政策，对主动退出产能的企业给予支持，对违法经营企业和"僵尸企业"要停止续贷。同时要防止企业逃废债务。三是妥善安置职工。兜牢民生保障底线，通过转岗就业、扶持创业、内部退养、公益性岗位安置等方式，合理安排分流职工，维护其合法权益。四是加强监督考核。省级政府对本地区化解过剩产能负总责。清理取消地方违反相关规定制定的面向产能过剩企业的优惠政策和保护性措施，把落后产能退出纳入地方考核指标体系，加强社会监督，防止其死灰复燃。

2.精准发力调整产业结构

要做到"政策准"，首先要做到"把脉准"。对当前中国经济而言，最具挑战性的问题就是结构性的产能过剩，特别是钢铁、铁矿石、煤炭、石油、石化等重化工业部门，产业过剩很严重。统计显示，我国 PPI（生产者物价指数）已连续 40 多个月负增长，这五大行业对整个工业 PPI 下降的贡献占 70% 到 80%。在产业结构调整中，化解过剩产能无疑是当前最迫切也最为棘手的一件事。

破解这一困局，需要大力度的改革。一个不容忽视的问题是，产能过剩严重的行业中有大量国有企业，如何把握好减产能和稳增长之间平衡，不仅需要国家层面推进改革，还要进一步推动市场化的兼并重组，用市场化的办法对生产力进行重新整合，来提升企业的生产效率，进而实现整个产业的优化。

如李克强总理在太原主持召开的钢铁煤炭行业化解过剩产能、实现脱困发展工作座谈会上就强调，培育新动能和改造传统动能形成双轮驱动是治本之策。目前我国钢铁、煤炭装备大多处在世界先进水平，企业生产经营之所以困难，很重要的因素是富余人员多。近几年通过实施创新驱动发展战略，开展大众创业、万众创新和"互联网+"行动等，创造了大量就业岗位，为传统产业减员增效升级创造了良好条件。产业结构调整优化不能只盯老产业，更要注重发展新产业、新业态等新动能，打造"双引擎"，为传统产业减少富余人员、拓展新的就业创造条件，通过开拓创新、提高劳动生产率焕发新的生机。

一方面，加大产业内部结构调整，让"僵尸企业"尽快出局，改造传统产业；另一方面，加快服务业发展，特别是新兴的生产性服务业和生活性服务业发展，加快战略性新兴产业发展。这些都将是未来产业政策的重要发力点。

链接 1

何谓"僵尸企业"？

中央反复提到了所谓"僵尸企业"。其实，"僵尸企业"是经济学家彼得·科伊提出的一个经济学概念，是指那些无望恢复生气，但由于获得放贷者或政府的支持而免于倒闭的负债企业。"僵尸企业"不同于因问题资产陷入困境的问题企业，能很快起死回生，"僵尸企业"的特点是"吸血"的长期性、依赖性，而放弃对"僵尸企业"的救助，社会局面可能更糟，因此具有绑架勒索性的特征。

我国现有的"僵尸企业"具有三大特征：一是企业规模较大。"僵尸企业"大多为规模较大、员工较多的国有企业。这些国有企业在地方经济中占有比较重要的地位，政府出于维稳考虑，既不让其破产，也难以使其获得新生，只能通过银行或政府的不断输血维持现状。二是行业产能过剩。"僵尸企业"大多是产能过剩的钢铁、水泥、家电等行业。这些行业因盲目扩大生产，造成产能过剩，最终导致产品积压、员工失业率上升。三是产业领域低端。从产业来看，"僵尸企业"基本属于产品附加值较低、利润空间小的制造业领域。这些产业由于技术含量低、转型升级困难，导致债务负担沉重，最终形成资不抵债局面。

之所以累积了大量的"僵尸企业"，一是由于政府过度保护的因素。一些地方政府为了拉动本地经济，不断鼓励企业投资公用事业和竞争性领域，当这些同质化投资遭遇经济下行，很快成为企业的负累，而政府出于政绩和社会稳定的考虑，不愿企业倒闭破产，持续利用财政补贴和银行支持等手段，寄希望于风险不在短期内暴露，不断累积的负债导致成为"僵尸企业"。二是出于结构调整的因素。一些低端产业的企业、高污染高能耗企业、"低小散"企业，由于技术含量低、产品附加值低、转型升级难，在产业结构调整的影响下，无法实现资源合理配置，不能提供社会需要的产品、服务以及劳动者充分就业的机会，持续经营困难导致成为"僵尸企业"。三是由于市场竞争的因素。一些企业在激烈市场竞争下，由于企业缺乏自主创新意识，旗下产品和服务比较优势不明显，无法抢占市场先机，继而出现产品无市场、经营无利润，连年亏损，债务堆积，被市场"抛弃"导致成为"僵尸企业"。

大量的"僵尸企业"吸取了社会经济的"血液"造成巨大危害。首先是浪费社会资源。"僵尸企业"需要银行和政府财政不断输血，大量土地、资金、原材料、劳动力等社会资源被无效占用，造成生产要素配置扭曲，社会资源整体利用效率降低。其次是扰乱了市场秩序。"僵尸企业"抢占了其他健康企业的资源与机会，缺失主动创新、提高效率的动力，还会产生劣币驱逐良币的效应，破坏了市场优胜劣汰的机制和公平竞争的环境。复次，"僵尸企业"长期脱离监管机构的监管，资产质量差，经常出现产权归属不清、管理混乱的问题，资产管理基本处于失控状态，国有资产保值增值责任无从落实。此外，"僵尸企业"的存在也损害了广大职工的权益。"僵尸企业"失去收入来源的情况下，拖欠职工工资、社保情况严重，职工的切身利益得不到保障，工作积极性不高，严重影响职工队伍稳定。最后，这些"僵尸企业"还形成了社会的金融风险。"僵尸企业"不具备偿贷能力，也没有足够的资产偿还贷款，造成银行不良贷款高速增加，甚至可能导致系统性金融风险。

值得一提的是，"僵尸企业"问题很难在宏观指标中非常迅速地直接体现。由于银行为降低其不良贷款率而不断向企业续贷输血，"僵尸企业"问题在银行财务报表中不会很快体现。根据财政部有关数据，2015年国企利润同比下降6.7%，而财务费用（主要是债务利息支出）却超过利润增长，增长10.2%。尤其是一些地方国企，利润下滑，造成偿债能力不断下降、对债务融资的依赖性不断增加。2015年地方国企利润同比下降9.1%，财务费用达到10%。同时，也有一些国企承担了地方政府的公共服务职能，本身不适合以营利为目的，需要财政的支持。还有一些国企承担了地方融资平台的职能，具有临时性的融资目的。一旦"僵尸企业"蔓延，隐藏的金融风险将被释放，这会对市场结构调整造成阻滞影响。

当前，中国经济发展正处于工业化中后期阶段，传统产业有巨大提升空间。要实现中国制造转向中国创造的梦想，必须用技术进步解决传统产业技术落后的问题，引导更多投资推动传统产业调整升级，加快产业结构"深度调整"。经济学者认为，实现产业结构升级必须以新兴产业支撑创新型经济、引领经济增长以至成为新的产业增长极，通过市场吸引更多的要素资源来优化中国制造，按照新型工业化的思路，推动中国工业化的跨越式发展。

3. "精致生产"向中高端迈进

如今，世界各地的商家最喜欢的就是中国游客，因为购买力惊人。从奶粉到马桶盖，从奢侈品到日用品，中国人好像没有不买的，而且是成箱的买。

没有出国的在国内也闲不住，各种海淘、代购比比皆是。在海淘浪潮下，隐藏着这样一个事实：今天的中国不是没有需求，涌向海外市场万亿元的购买力就是现实存在的购买力，但是目前中国所提供的产品，无论从产品品种还是产品质量上，均与消费者所需要的不匹配。

现在，在越来越多商家和经济学家看来，中国的问题未必是总体消费不足，而是供应与新型的消费需求不匹配。如手机产品，一些昔日的国产品牌如夏新、波导等风光不再，市场销量越来越小，但同期中国的手机市场却越做越大。不是没有市场、没有消费。大家都知道的，小小的一枚"苹果"就占据了中国手机约四分之一市场。且每次苹果手机的新品出炉，都会成为社会追逐的热点，更有为数不少的"果粉"宁肯彻夜排队抢得先"机"。一部手机能制造出社会热点，培养出一批"果粉"，不是因为购买苹果手机的人都需要换手机了，这里没有刚需存在，这就是通过产品供给侧制造出社会需求的范例。

因此，应对这一问题，唯有通过创新和技术提升实现中国产品的转型升级，实现"精致生产"。说白了，"精致生产"就是把活做细，且不断创新适应时代，就是人们讲的"工匠精神"。中国制造业规模已经很大，但精细化程度仍然较低，生产"精致化"潜力很大。

什么是"工匠精神"，笔者可以通过几个小故事说说自己的感受。

2015年初，笔者到中国商飞采访中国大飞机和首架国产支线客机ARJ21的研发过程。其中一位老技术工人给我们讲，中国的大飞机要上天，不只是要解决发动机、航电系统这些大的部件，一些制造的细节也尤其重要。就拿最简单的拧螺丝的活来说吧，好像人人都会干，不用学。可是外国人"洋师傅"明确教给中国工人，要用工具向右拧两圈半，再往左拧半圈。咱们有的工人就开始"动脑筋"了：向右拧两圈半，再往左拧半圈……那不就是往右拧两圈吗？难道是外国人的数学不好？就这样，真有几个工人按照自己的理解把这道工序进行了简化，只向右拧两圈，外表看不出任何差别。可到了质量检测这一关就出现了问题，不过关。经过反复查验，才知道是因为少了这半圈引起的。问起"洋师傅"为什么要拧回这半圈,"洋师傅"说,因为向右多拧这半圈再拧回来,这一过程可以增加螺丝的张力和抗疲劳程度,而没有多拧半圈的就等于缺少了一道程序,自然不会过关。这半圈螺丝虽小,但其背后其实是发达国家上百年工业经验的传承。

另一个故事发生在上海迪士尼的施工现场。上海迪士尼与世界其他地方迪士尼最大的不同点就在于,上海迪士尼有一个独一无二的景区——宝藏湾。这是根据系列电影《加勒比海盗》的故事修建的主题景区,模拟了大海、帆船、宝藏等场景,惟妙惟肖,游客如置身现实一般。笔者今年初来到宝藏湾的施工现场,现场负责施工的中建二局施工负责人告诉笔者,你看那些船、桅杆、木栅栏、礁石……看不出是假的吧。笔者仔细观瞧并上手一摸,果然不是普通木头或石头做的。这位施工负责人说,以前如果是我们自己做这些东西,一般会用真木头来做。真木头遇到日晒雨淋的容易腐朽,但国内也不在乎这些,大不了过 10 年 20 年再重做一批。但迪士尼方面就要求,都要按照 100 年的质量要求,这些场景全部用电脑画出效果图,再用钢筋做出框架,灌注混凝土,然后再经过多次的喷涂,做出木头的纹理,让人有以假乱真的效果。这样做出的东西,100 年不用换。在宝藏湾宝藏堆里,去游玩的游客还会发现一尊仿制的中国秦兵甬。当时,如何放置这尊兵甬还费了不少劲儿。是倒着放、立着放、斜着放?迪士尼的技术人员也是比对了不同方案后,才确定了现在这尊兵甬的位置和姿势。

可见,一些看似非常简单的流程,背后都有几十年甚至上百年工业文明的浸润。"工匠精神"就是在这一点一滴看似最简单的流程中体现出来。

因此,总体看来,中国的供给体系,总体上是中低端产品过剩、高端产品供给不足。传统产业产能过剩,同时存在着结构性的有效供给不足,比如说平板玻璃严重过剩了,但电子用的平板玻璃,电视用的大平板等等还是不能生产。风电设备总体过剩了,但控制系统和不少零部件还需要进口。解决这一问题,必须加快培育有利创新的环境。在任何一个经济体中,创新的主体都应该是企业。政府最重要的职责是打造有利于创新的环境,充分发挥知识产权制度的作用，使企业形成稳定预期，同时促进要素之间合理流动，加快培育人力资本，促进金融体系的改革，以适应转型升级的需要。

新常态下的中国经济，主要表现在增长动力的转换，即要从依靠普通生产要素如资本、土地、劳动力的投入来拉动经济增长，转向依靠科技创新来驱动经济增长。专家认为，通过科技创新创造新供给，通过科技创新创造新效益，通过科技创新创造新空间，这是未来中国产业结构调整的大方向，是未来中国经济发展的大趋势。随着社会资源不断从供给老化行业向新供给形成、新供给扩张行业转移，中国经济不但能够企稳复苏，而且完全可以开启一轮新的上升周期。

三、微观政策要活——搞活微观激发活力和潜能

中央财经领导小组第十一次会议在研究经济结构性改革时提出，微观政策要活，就是要坚持和完善基本经济制度，完善市场环境、激发企业活力和消费潜能，在制度上政策上营造宽松的市场经营和投资环境，营造商品自由流动、平等交换的市场环境。

企业是感受市场冷暖最敏感的末端神经。能否进一步释放企业的活力和潜能，关乎经济发展的速度和质量，也关乎中国经济结构调整、产业转型升级的成败。

经济增长新动力正在形成

党的十八大以来，为推动创业创新，国家出台了大量的政策措施，点燃了更多的创新热情，为经济增长注入强大的新动力。随着市场准入门槛不断降低，开办企业不再是件难事。工商总局的数据显示，2015年，商事制度改革收获漂亮"成绩单"：全国新登记企业443.9万户，同比增长21.6%，平均每天新登记企业1.2万户，创历史新高。随着商事制度改革深入推进，市场活力持续激发，特别是2015年10月1日"三证合一、一照一码"登记制度改

革在全国全面实施以来，11月、12月新登记企业数量连创新高，分别达到46万户和51.2万户。

对商事制度改革来说，激发市场活力只是改革成效的一方面，它还是优化产业结构的重要市场力量，更多企业选择服务业"淘金"。2015年，第三产业新登记企业357.8万户，同比增长24.5%，占新登记企业总数的80.6%。商事制度改革通过为商事主体准入"减负"、为创业者"松绑"，创造了大量就业机会，尤其是个体私营经济从业人员稳步增长。截至2015年底，全国个体私营经济从业人员实有2.8亿人，比2014年底增加3102.1万人，增长12.4%。既要让企业"生下来"，更要让其能够"活下去"并且"活得好"。工商总局数据显示，2015年第四季度新设小微企业开业率达70.1%，新设小微企业已开展经营的企业中78.7%有经营收入。世界银行《2016年营商环境报告》显示，在全球189个经济体中，中国的营商环境居第84位。大量行政审批、行政管制仍是制约市场活力的重要障碍。

很多地方也行动起来，出台具体措施激发市场主体活力。如贵州省工商局今年"两会"后就出台12条措施，进一步简政放权，推进注册登记便利化，充分激发和释放市场主体活力，为贵州省经济社会持续健康发展提供动力支持。如全面推进"三证合一"登记制度，按照"一窗受理、互联互通、信息共享"的模式，进一步优化准入流程、提高服务水平，由工商部门直接核发加载统一社会信用代码的营业执照。在2017年12月31日过渡期前，做好存量企业的转码工作。从2018年1月1日起，全省统一使用"一照一码"营业执照。在贵州工商门户网站公开《工商登记前置审批事项目录》和《企业变更登记、注销登记前置审批指导目录》，根据法律、法规的修订情况，适时调整《贵州省工商登记前置审批事项目录》，实施目录动态管理。同时推动"一址多照"、集群注册改革，完善企业住所登记条件规定，在同一地址允许注册登记多家企业，允许符合条件的企业开展住所托管服务，推动"一址多照"、集群注册等住所登记改革，分行业、分业态释放住所资源。在事中和事后监管方面，贵州省工商局建立"黑名单"管理制度，建立健全"一处违法、处处受限"的失信联合惩戒机制，将失信企业列入"黑名单"监管。依托贵州省企业公共信用信息平台建设全省政府部门失信企业联合惩戒系统。

今年"两会"期间，简政放权、激发市场主体活力也是代表委员们热烈讨论并建言献策的主要话题之一。全国人大代表、福建省福州市市长杨益民认为，简政放权的关键是转变政府职能，把该放的权力放到位，把该管的事情管住、管好，激发市场主体的创造活力。他说，在"放"上，要充分发挥市场作用，对现有各类行政审批事项进行全面清理。市场能解决的问题，就让市场去解决；适合中介组织办的事项，就让中介组织发挥应有的作用，真正做到"法无禁止即可为"，让社会活力进一步迸发。比如在福州新区的管理上，福州市政府充分授权给福州新区管委会，不需要再到市里审批，下放给新区审批的项目都可以在新区服务大厅办理，同时在市政府的行政服务大厅设立了专门的福州新区窗口，大部分事项都可以当场办结。在"管"上，要加强政府公共服务这只"手"，抓市场机制、社会力量管不了、做不好的事，推动政府职能向创造良好发展环境、提供优质公共服务和维护社会公平正义转变。特别是民生领域的事和关乎老百姓生命安全、身体健康的事要管好、管到位。

全国政协委员、吉林省人大常委会环资委副主任车黎明认为，简政放权不是简单的一放了之。首先，应该把过去束缚经济发展，或者说对于释放经济活力有约束的、可以放开的审批权限全部放开。其次，考虑制定扶持企业发展的相关政策或措施。"放权不等于放任，不意味着政府大撒手。供给侧结构性改革，对政府来说，就是要通过制度和体制的创新，按需分配资源，放下那些不该管、管不了、管不好的事，守住那些应该管、能够管、必须管的事，来推动经济社会的发展。"全国人大代表、辽宁省锦州市委书记王明玉认为，简政放权，应注重规范程序，防止下放的权力"自由落体"。在推进简政放权过程中，锦州坚持放、管、服同步推进，实现了从减少审批向放权、监管、服务并重转变。

对于如何做好简政放权，全国人大代表、浙江省绍兴市人大常委会副主任车晓端建议,加快构建高效便捷的审批环境体系。她说,改变"审批难、审批烦、审批慢"等现象,地方政府首先要减少审批层级,对法律法规和上级文件明文规定取消的事项坚决取消,不留死角,同时将审批权下放,减少上级部门行使的行政审批事项,实现扁平化审批。在监管观念上,要把行政机关工作重心从事前审批转向事中、事后监管。她还建议,各级行政服务中心可构建"中介超市",推进中介服务资源共享,提高服务效率,同时鼓励开发"中介超市"信息管理软件,推动"互联网+中介超市"的发展。简政放权关系我国经济社会发展的效率,要释放全社会创业创新潜能,必须切实转变政府职能;要让人民群众有获得感和幸福感,必须先让群众有便利感。

尽管取得很大效果,但简政放权的阻力仍然存在,中央一些政策难以落实。行政事业机构庞大,企业供养规模大、费用高,都会转变为交易成本。有经济学者就表示,国家不断推进简政放权,取消和下放行政审批事项,有些领域成果显著,比如目前开办企业难等问题已经得到解决。但对企业来说,各种审批、许可仍然是很大压力。有的企业上项目,拖上一年半载都批不下来。

今年"两会"总理记者招待会上,国务院总理李克强在回答记者提问时也指出,我们现在审批事项还是比较多,而且保留的事项当中有很多标准不统一。前几天我到一个代表团去参加审议,就有代表说他们要办一个医养结合的养老机构,群众很欢迎,但是这涉及养老机构准入、医保定点、收费审批等,要跑多个部门,关键是这些部门的标准还不统一,所以让他一头雾水,像你讲的都找不到门了。这本身就束缚了产业的发展,也抑制了群众消费的需求。所以简政放权必须一以贯之,哪里遇到问题、碰到阻力就要设法去解决,这是削减部门利益的事情。我们就是要用减政府权力的"痛"来换得企业、群众办事的"爽"。今年要下决心再砍掉一批审批事项,而且直接放给市场,即使是需要审批的也要简化手续。

企业活力仍待提升

当前我国养老消费、健康消费、旅游消费等热点加速形成、升级态势明显，尤其网络消费等新业态方兴未艾，显示了对经济的强大拉动力。同时我国城镇化率远低于发达国家平均水平，还有巨大的提升空间。

但从企业方面看，一是经营成本过高，二是订单不足，需要政府继续简政放权、创造各种经济活力迸发的土壤，并在稳增长的同时还要稳需求；其次，企业也亟须调整发展模式。企业能够做出来产品，但在怎么做得好、怎么做得便宜方面，努力还显不够。企业转到提升质量和效益的发展路线上是很关键的。

目前，很多已经"虚胖"的企业还承受着诸多"隐性成本"。这些"看不见"的成本像是捆住企业的"绳索"，不仅抑制企业创新升级、提供有效供给，在一定程度上还会阻碍供给侧结构性改革的步伐。

《经济参考报》最近所做的一项问卷数据显示，45.3%的企业对当地政府简政放权工作表示满意，但认为政府需进一步简政放权，其中对"减少行政审批事项"的呼声最高，占比37%。数据分析发现，一些地方政府"乱伸手"带来的不当干预和企业的盈利密切相关。其中，认为"政府干预及政策不稳定"的企业中有50%"利润较低"；认为其他"灰色"成本高的企业中有53.3%"利润较低"。

根据问卷统计，在调查的500家企业中，有59.7%的企业表示当前利润较低，有13.3%的企业已经出现亏损，有65.2%的企业表示当前销售一般、订单不足。其中"用工成本上升快""融资难""原材料上升快""税费偏高""社保负担重"分别位居企业"困难榜"前五位。

企业到底有多"臃肿"？一位地方发改委相关负责人说："过去10年，我国劳动力成本增长远高于GDP和企业利润增长，'五险一金'甚至比一些欧洲国家还高，很多企业承受不起。"江西省某地级市工信局一位负责人从企业税负角度分析说："中国企业的综合税费负担占整个运营成本的40%，县一级可能更高。"另外在企业融资成本上，比较中美两国的制造业融资成本后发现，目前国内最便宜的借款成本约为年利率 6%，仍是美国的 2.4 倍。

一位资深的金融界人士说，国际金融危机之后，中国传统的制造业、出口优势在不断弱化，随着土地成本升高，劳动力工资增加了 3 至 5 倍，再加上税费成本，企业不堪重负，尤其是没有创新能力的企业已面临全面萧条。这些"成本"主要表现在以下几个方面：

——创新成本。一方面，产权保护制度的欠缺增加了企业维权成本。"为什么目前供给质量不高，就是'山寨'太多。"国家行政学院教授宋世明说，过去仿造是为了"追赶"，现在却阻碍了创新。国内某著名纸业公司负责人表示，他们的产品被华北某县五六家企业仿冒生产。企业组织打假维权时，当地领导竟表示，这些企业事关当地税收、就业多个方面，不能一下子关闭，需要慢慢"转型"。另一方面，传统的税收激励方式不利于企业从事创新性投资及科技研发活动。重庆伟岸测器公司是一家创新型企业，原材料经过研发到销售，增值部分相比加工贸易企业高出很多，但这也意味着要缴纳更多的增值税。反之，强调做大规模而不重视创新的企业增值少，就可以少缴税。

——制度成本。一是技术和产品供给受制于政策供给。二是地方利益凌驾于产业之上，增加企业投资成本。三是审批管制夹杂隐性成本。中部某省一位政协委员到企业调研发现，同样一个节能评估报告，有熟人或跟领导打招呼只要 3000 元就可以通过，而人生地不熟的外来企业，要 3 万元才能通过。

——垄断成本。广州市委政研室相关负责人表示，教育、医疗、体育、文化、旅游等既是公共事业，也是"十三五"国家重点推动的产业。企业愿意干，老百姓也需要，问题在于这些领域门槛过高，民营企业很难进入，即便进入，也往往因为没有话语权而很难有发展。

受访的企业和相关专家认为，为企业降成本，首先要为企业"松绑"。要给企业减税降费，同时放松管制、减少政府不当干预，这就是既要"宏观经济稳定"，也要"微观经济放活"。

微观放活，意味着尽量减少制度和政策羁绊，为企业打造低成本、高效率的发展环境。财政部财科所所长刘尚希进一步提出：不打扰并不意味着服务和市场监管缺位，比如为企业搭建公共服务平台，这是从政府层面为企业降成本的更深维度。

很多经济学家认为，为企业降成本，主要是降低政府一侧的成本，核心是通过减税降费，让企业能腾出手来搞创新研发。税收成本每下降一个百分点，就会有几十万、上百万家企业扭亏为盈，避免倒闭。

为此，今年的《政府工作报告》提出，2016年将推出更大力度减税降费举措，预计减轻企业和个人负担5000多亿元，规模超过历年，而减税最主要的是营改增全面推行。自2016年5月1日起，营改增试点范围将扩至最后的建筑、房地产、金融和生活服务等四个行业，确保所有行业税负只减不增。最后四个行业涉及纳税人约960万户，对应营业税1.9万亿元。

增值税和营业税加总，占我国全部税收收入的40%以上。我国2012年1月1日启动营改增试点，目前已扩至全国，行业覆盖交通运输、邮政、电信以及研发技术、信息技术、文化创意等七个现代服务业。国家税务总局数据显示，截至2015年11月底，全国营改增试点纳税人共计580万户，累计减税5939亿元。改革一旦全面铺开，意味着减税力度更大。

3月24日，财政部、国家税务总局公布了自2016年5月1日起将在全国范围内全面推开的营业税改征增值税改革方案细则。两部门公布的《营业税改征增值税试点实施办法》《营业税改征增值税试点有关事项的规定》《营业税改征增值税试点过渡政策的规定》和《跨境应税行为适用增值税零税率和免税政策的规定》四个文件，全面规定了建筑业、房地产业、金融业、生活服务业四行业加入试点后的方案内容。

根据《营业税改征增值税试点实施办法》，全面推开后，提供交通运输、邮政、基础电信、建筑、不动产租赁服务，销售不动产，转让土地使用权，税率为11%；提供有形动产租赁服务，税率为17%；境内单位和个人发生的跨境应税行为，税率为零；除此之外的纳税人发生应税行为，税率为6%。此外，增值税征收率为3%，财政部和国家税务总局另有规定的除外。根据《营业税改征增值税试点有关事项的规定》，在建筑服务领域，方案明确一般纳税人以清包工方式提供的建筑服务、为甲供工程提供的建筑服务、为合同开工日期在 2016 年 4 月 30 日前的建筑工程老项目提供的建筑服务等，都可以选择适用简易计税方法计税。对销售不动产，则明确一般纳税人销售其 2016 年 4 月 30 日前取得（不含自建）的不动产，可选择适用简易计税方法，以取得的全部价款和价外费用减去该项不动产购置原价或者取得不动产时的作价后的余额为销售额，按照 5% 的征收率计算应纳税额。

其他个人销售其取得（不含自建）的不动产（不含其购买的住房），应以取得的全部价款和价外费用减去该项不动产购置原价或者取得不动产时的作价后的余额为销售额，按照 5% 的征收率计算应纳税额。个人出租住房，应按照 5% 的征收率减按 1.5% 计算应纳税额。《营业税改征增值税试点过渡政策的规定》则公布了 40 种免征增值税情形，包括：托儿所、幼儿园提供的保育和教育服务；养老机构提供的养老服务；残疾人福利机构提供的育养服务；婚姻介绍服务；学生勤工俭学提供的服务；个人销售自建自用住房等。文件还规定了一系列享受扣减增值税的规定，涉及退役士兵创业就业、重点群体创业就业、个人将购买不足 2 年的住房对外销售等。

除了减税，今年还将加大收费基金清理和改革力度。18 项行政事业性收费原先只有小微企业享受免征，今年将扩大到所有企业和个人。行政事业性收费主要是指行政机关在面向社会提供服务时所收取的费用。今年还将取消一些违规设立的政府性基金，停征和归并一批政府性基金，例如新菜地开发建设基金、育林基金征收标准降为零；价格调节基金停征；教育费附加、地方教育附加、水利建设基金的免征范围由月销售额或营业额不超过 3 万元的缴纳义务人扩大到 10 万元的缴纳义务人。

此外，今年还将继续落实好已出台的减税政策，如小微企业扩大减半征收企业所得税，延长增值税和营业税免税优惠政策，加大促进创业就业的税收政策力度等。

业内人士还指出，当前我国市场环境还存在知识产权保护不力、假冒伪劣产品充斥、企业不正当竞争严重等问题，一些行业和领域社会资本仍不能自由进入，企业的负担相对较重。对于企业来说，市场竞争的规则尚需完善。

3. 微观要活根本上仍需靠改革

中央财经领导小组第十一次会议指出，微观政策要活，就是要坚持和完善基本经济制度，完善市场环境、激发企业活力和消费潜能，在制度上政策上营造宽松的市场经营和投资环境，营造商品自由流动、平等交换的市场环境。

值得期待的是，一项项有助激发企业活力的改革即将出炉，"十三五"规划建议已提出：

——深化行政管理体制改革，进一步转变政府职能，持续推进简政放权、放管结合、优化服务，提高政府效能，激发市场活力和社会创造力。

——鼓励民营企业依法进入更多领域，引入非国有资本参与国有企业改革，更好激发非公有制经济活力和创造力。

——优化企业发展环境。开展降低实体经济企业成本行动，优化运营模式，增强营利能力。限制政府对企业经营决策的干预，减少行政审批事项。清理和规范涉企行政事业性收费，减轻企业负担，完善公平竞争、促进企业健康发展的政策和制度。

——实施"互联网+"行动计划，发展物联网技术和应用，发展分享经济，促进互联网和经济社会融合发展。

——开展加快发展现代服务业行动，放宽市场准入，促进服务业优质高效发展。

——加快形成统一开放、竞争有序的市场体系，建立公平竞争保障机制，打破地域分割和行业垄断。

今年3月底，经国务院同意，国家发展和改革委员会发布了《关于2016年深化经济体制改革重点工作的意见》。这份文件在讲完总体要求后，第一个谈到的就是《大力推进国有企业改革，着力增强市场微观主体活力》问题，并提出了五方面具体任务。

一是全面落实国企改革指导意见。健全国有资本合理流动机制，制定推动中央企业结构调整与重组指导意见，优化国有企业结构布局。推进股权多元化改革，健全企业治理结构，转换经营机制，开展落实企业董事会职权、市场化选聘经营管理者、职业经理人制度试点。深化国有企业内部人事、劳动、分配制度改革，探索建立与市场化选任方式相适应的高层次人才和企业经营管理者薪酬制度。加快剥离国有企业办社会职能和解决历史遗留问题。

二是改革完善国有资产管理体制。加快改组组建国有资本投资、运营公司，搭建国有资本市场化运作专业平台。以管资本为主推进国有资产监管机构职能转变。出台进一步加强和改进外派监事会工作的意见。研究制定推进中央党政机关、事业单位经营性国有资产集中统一监管方案。出台加强国有企业国有资本和境外国有资产审计监督的意见。

三是推进国有企业混合所有制改革。在电力、石油、天然气、铁路、民航、电信等重点领域，选择一批国有企业开展混合所有制改革试点示范，推动集团公司整体上市，支持具备条件的上市企业引入合格战略投资者，进一步放大国有资本功能，提高国有资本配置和运行效率。研究提出公有制经济之间股权多元化改革方案。开展混合所有制企业实行企业员工持股试点。支持地方国有企业因地制宜开展混合所有制改革试点。

四是加快推进重点行业改革。深化电力体制改革，全面开展可再生能源就近消纳、售电侧改革、交易机构组建及电力市场建设等专项试点和综合试点。出台深化石油天然气体制改革的若干意见及配套政策。出台盐业体制改革方案，推进食盐生产批发管理体制、食盐政府定价机制、食盐储备体系等改革。出台深化建筑业改革促进行业发展的若干意见。

五是激发非公有制经济活力和创造力。进一步放宽非公有制经济市场准入，废除制约非公有制经济发展的不合理规定，消除各种隐性壁垒，改善和优化服务。鼓励民营企业参与国有企业改革，鼓励发展非公有资本控股的混合所有制企业。从典型案例入手，总结保护产权好的做法和经验，纠正破坏产权的行为，出台进一步完善产权保护制度推进产权保护法治化的意见，让各种所有制经济权益、企业家财产权和创新收益等依法得到保护。

经济学家认为，微观搞活，最重要的还是要靠改革，在制度完善方面下功夫。围绕微观要活的目标，深化改革，转变政府职能，做好政府相关的行政执法工作，让微观活力比较好地、高水平地、充分地释放出来。

链接 2

2016 年深化经济体制改革重点工作的 12 条"干货"

2016 年是全面建成小康社会决胜阶段的开局之年，也是推进结构性改革的攻坚之年。国务院日前批转国家发展改革委《关于 2016 年深化经济体制改革重点工作的意见》，提出 10 个领域 50 项年度经济体制改革重点任务。

意见涉及大力推进国有企业改革、完善创新驱动发展体制机制、持续推进政府职能转变、加快财税体制改革、深化金融体制改革、推进新型城镇化和农业农村等体制创新、加快构建对外开放新体制、加快生态文明体制改革、深化社会事业相关改革、加快改革试点和改革督查评估等领域。记者从中梳理了 12 条"干货"。

1.【四个"更加突出"】《关于 2016 年深化经济体制改革重点工作的意见》总体要求提出，2016 年深化经济体制改革，要更加突出供给侧结构性改革，更加突出问题导向和目标导向，更加突出基层实践和创新，更加突出抓改革措施落地。

2.【开展混合所有制企业实行企业员工持股试点】在电力、石油、天然气、铁路、民航、电信等重点领域，选择一批国有企业开展混合所有制改革试点示范。研究提出公有制经济之间股权多元化改革方案。支持地方国有企业因地制宜开展混合所有制改革试点。鼓励民营企业参与国有企业改革，鼓励发展非公有资本控股的混合所有制企业。

3.【出台深化油气体制改革若干意见】深化电力体制改革，全面开展可再生能源就近消纳、售电侧改革、交易机构组建及电力市场建设等专项试点和综合试点。出台深化石油天然气体制改革的若干意见及配套政策。出台盐业体制改革方案。出台深化建筑业改革促进行业发展的若干意见。

4.【全面公布地方政府权力和责任清单】制定国务院部门行政审批基本流程、标准指引及规范办法。开展国务院部门权责清单编制试点。对行政事业性收费、政府定价或指导价经营服务性收费、政府性基金和国家职业资格，实行目录清单管理。

5.【把符合条件的外来人口逐步纳入公租房供给范围】制定并实施推动产业重组、处置"僵尸企业"的方案，完善企业退出机制。推进以满足新市民住房需求为主要出发点的住房制度改革，建立购租并举的住房制度，住房保障实行实物保障与货币补贴并举，有条件的地区逐步转向以租赁补贴为主，发展住房租赁市场，研究鼓励住房租赁经营企业发展的配套政策。在全国人大批准的限额内适当增加财政实力强、债务风险较低的地方政府债务限额。

6.【积极稳妥推进医疗服务价格改革】完善成品油价格市场化形成机制。择机理顺居民用天然气门站价格，完善天然气管道运输价格机制。积极稳妥推进医疗服务价格改革，逐步建立分类管理、动态调整、多方参与的价格形成机制。

7.【全面放开养老服务市场】深化养老服务业综合改革试点，鼓励民间资本、外商投资进入养老健康领域。

8.【完善并择机出台调整中央和地方收入划分过渡方案】推进中央与地方事权和支出责任划分改革，适度加强中央事权和支出责任，在条件成熟的领域率先启动。深入研究中央和地方收入划分改革整体方案，合理确定增值税中央和地方分享比例。

9.【逐步推进综合与分类相结合的个人所得税改革】全面实施资源税从价计征改革，开展水资源费改税试点。继续推进消费税改革。研究降低部分消费品进口环节税税率。

10.【加快建设市场化利率形成和调控机制】完善人民币汇率市场化形成机制。稳慎推进人民币资本项目可兑换，推动金融市场双向有序开放，择机稳妥开展限额可兑换试点。

11.【适时启动"深港通"】促进多层次资本市场健康发展，提高直接融资比重。研究制定房地产投资信托基金规则，积极推进试点。研究推出城乡居民住宅地震巨灾保险制度，制定环境污染责任保险制度方案。推进个人税收递延型商业养老保险试点、住房反向抵押养老保险试点，出台加快发展现代商业养老保险的若干意见。

12.【制定渐进式延迟退休年龄方案】研究城镇职工基础养老金全国统筹方案。研究建立基本养老金合理调整机制。制定划转部分国有资本充实社保基金实施方案。研究适当降低社会保险费。推进基本医保全国联网和异地就医结算。

四、改革政策要实——找准"病根"对症下药

中央财经领导小组第十一次会议明确指出，改革政策要实，就是要加大力度推动重点领域改革落地，加快推进对经济增长有重大牵引作用的国有企业、财税体制、金融体制等改革。

《关于2016年深化经济体制改革重点工作的意见》在前面的总体要求中就提出了"两个着力"和"四个更加突出"，无论是"两个着力"还是"四个更加突出"里面，都提到了抓好改革措施落地的问题。

着力加强供给侧结构性改革，抓紧推动有利于创造新供给、释放新需求的体制创新，推出一批具有重大牵引作用的改革举措，着力抓好已出台改革方案的落地实施，推动形成有利于引领经济发展新常态的体制机制和发展方式，努力实现"十三五"时期经济社会发展良好开局。

更加突出供给侧结构性改革。围绕提高供给体系质量和效率深化改革，使市场在资源配置中起决定性作用和更好发挥政府作用，矫正要素配置扭曲，降低制度性交易成本，激发企业家精神，提高全要素生产率，实现由低水平供需平衡向高水平供需平衡的跃升。

更加突出问题导向和目标导向。针对突出问题、抓住关键点，围绕当前经济下行压力大、结构性矛盾凸显、风险隐患增多等突出困难和问题加大改革力度，促进去产能、去库存、去杠杆、降成本、补短板，使改革更加精准对接发展所需、基层所盼、民心所向。

更加突出基层实践和创新。将顶层设计和基层探索创新有机结合，合理安排改革试点，鼓励地方结合实际进行探索创新，发挥基层首创精神，及时总结基层改革创新中发现的问题、解决的方法、蕴含的规律，推动面上制度创新。

更加突出抓改革措施落地。坚持改革政策要实，建立全过程、高效率、可核实的改革落实机制，加强对方案落实、工作落实、责任落实情况的督促检查，以钉钉子精神抓好改革落实，推动改革举措早落地、见实效，使人民群众有更多获得感。

对中国来说，推进经济结构性改革无疑是一项长期性任务，不能指望短期见效，但改革落实迫在眉睫，这关系到中国经济的前景。一个重要信号是，结构性改革正成为全球共识。"推进结构性改革，提高全要素生产率和潜在增长率"正是今年 G20 财长和央行行长会议议题，而加强对改革承诺落实情况的评估和监督，更是各国关注重点。

正如中央的要求，在改革落实上，在战略上要坚持持久战、持续的推进；在战术上要打好歼灭战。不能因为是长期任务，近期就不作为，必须马上行动起来。要调动各方面积极性，尤其是企业家、创新人才、各级干部三个群体的积极性。改革攻坚就是要敢于承受短期阵痛，只有这样才能赢得脱胎换骨的长远发展。

经济学家认为，目前，国企、财税和金融三大改革都是事关全局的重点改革。尽管深水区的改革推进面临诸多挑战，但必须抓住关键点推出操作性强的改革举措。如国企改革执行难的一个重要原因是没有对"国有资产流失"进行界定，势必带来改革者的后顾之忧，也就不敢改革国有企业。对财税改革而言，无论是理清中央和地方关系的财政体制改革，还是关系百姓利益的税制改革，剩下的都是难啃的"硬骨头"。加快推进财税体制改革，关键要敢于打破利益藩篱，必须敢于大胆破除一切阻碍改革的体制机制障碍。对于深化金融改革，尽管当前中国金融体系依然健康，但防病防风险是改革的关键。经济学家建议，一些银行的坏账要及早剥离处理，"僵尸"企业不能再续贷，要抓紧出清；对于一些非"僵尸"企业，鼓励探索债转优先股、高息银行贷款转成债券等方式激发经济活力。

就国企改革问题，今年当履新国资委主任的肖亚庆在"两会"期间举行的记者招待会上表示，当前国企改革措施迈出实质性步伐。改革顶层设计的文件已经出台，主体框架基本成型，很多重要的改革措施迈出实质性步伐。比如，目前已有12个省把分类工作落实到具体企业；去年中央企业有6对12家企业完成重组；国资委清理、取消下放20多项审批权力。一些重点难点问题的解决取得初步进展。中央企业探索开展多层次试点，比如在国投、中粮开展投资运营公司试点，在国药集团、中国建材、中国节能、新兴际华集团开展落实董事会职权试点，特别是在新兴际华集团，试点了总经理由董事会聘任，这在中央企业的集团层面还是第一次；从企业反映情况看，企业改革积极性较高，试点效果也不错。

对于今年国资委的工作，肖亚庆表示将主要做九项工作：一是要进一步完善文件体系；二是要深入推进十项改革试点；三是要推进国资监管机构职能转变；四是完成国有企业功能界定和分类；五是加大公司制和股份制改革力度；六是推进规范董事会建设；七是推动中央企业调整重组，优化布局结构；八是要加强和改进外派监事会工作；九是加强国有企业党建工作。

肖亚庆强调，国企改革工作是一项非常复杂的系统工程，只有一任接着一任干，一棒接着一棒传，一件事一件事地做好，持之以恒、久久为功，才能取得成效。这十项试点是今年改革的重要任务。推进国企改革，要始终坚持试点先行、直奔问题，通过试点试出新体制、新机制、新成效、新经验和新局面。当前国企改革的困难和挑战，主要是处理好激发活力与加强监管之间的关系问题，活力是国有企业做强做优做大的动力源，也是提高效率、竞争力的生成基，监管是防止国有资产流失的防护网，也是当前国企改革发展中的重要保障，改革要始终注意激发活力和加强监管二者有机结合，不可偏废。

对于目前国有企业特别是央企存在的普遍问题，肖亚庆说，目前106家央企无论是在体制机制上还是在管理能力上，仍有与新常态不适应的地方，如与优秀的跨国公司和民营企业相比，现在央企管理层级仍然比较多，对此必须改革，压缩层级。国资委自身改革是关系全局的要点，现有权力、规范和事项要进一步清理，一是要转变定位，要向以管企业为主向管资本为主转变，优化、精简、调整国资监管事项；二是要把权力清单和责任清单两个清单搞清楚，做到该管的要科学管理，坚决到位，不该管的要退出来，让企业成为市场竞争的主体。

肖亚庆说，当前国有企业特别是中央企业的产业结构偏重，重化工领域资产总额接近70%，供给侧结构性改革任务很重，中央企业在供给侧结构性改革中要主动作为。中央企业要抓好创新发展一批、重组整合一批、清理退出一批。对于符合国家战略需要、具备优势的航空航天、核电、高铁、新能源、新材料等产业，要加大投入力度，对于长期亏损和资不抵债的低效无效资产，要加大处置力度，积极化解过剩产能。同时要做好科技创新、管理创新和商业模式创新。在互联网时代、大数据时代，大企业要积极开展"双创"，用好"互联网+""中国制造2025"等大战略，在管理、技术和商业模式实现创新。此外，中央企业要抓好品种、品质和品牌，当前很多产品质量、品种远远满足不了百姓需求，这是发展的潜力，中央企业要进一步努力。

国企改革是"老大难"，但目前也不乏转型成功的例子。近些年来，随着进口关税降低、多个自贸协定签署、跨境电商平台井喷等多重因素，我国居民消费享受着前所未有的便利，"在家门口买全球"已成为现实。但洋货大举入侵无疑会挤压民族品牌的生存空间。有统计显示，在"中国品牌之都"上海，160余个知名品牌中三成已消失，五成已没落。拥有逾百年历史的本土日化龙头企业上海家化就面临着这样巨大的压力。

上海家化董事长谢文坚表示，家化专注的化妆品产业，是国际品牌云集的领域。要在强敌环伺中杀出重围，家化选择的是"中国文化牌"。他说，消费者谈到法国品牌时，可能跟奢华联系在一起；谈到日本品牌时，可能想到精致性。家化产品的内在定位是传统中医中药，包装上又运用"太极两仪"等具有时尚韵味的中国元素，力求把消费者对中国文化的情愫挖掘出来。

无独有偶，鞋类品牌回力也抓住消费者的复古、怀旧情绪实现了转型。2010年上海世博会期间，回力在老厂址上开设第一家旗舰店，令人意想不到的是，顾客络绎不绝，居然要排队买鞋。后来，因销售不佳而退出一线商圈的回力鞋，又重新进入中心地区商场。

要留住消费者，仅诉诸民族感情是远远不够的。提高品牌"黏性"，质量仍是关键。研发不只存在于高科技行业，消费品也要重视科技创新。比如胶鞋的制作工艺有三种：硫化、冷粘、注塑。回力正在进行材料工艺研究，希望获得突破。上海家化则聘请日本专家参与新产品研发，请韩国工程师参与新工厂设计。谢文坚表示，要善于在全球范围内实现资源最优配置，为国内消费者提供高性价比的体验。

老字号的悠久历史有时是一种资源，有时是一种包袱——尤其针对80后、90后消费群体，如何避免品牌老化的印象、跟上其口味变化，对民族品牌是一个巨大的考验。

永久牌自行车曾经是20世纪70年代百姓结婚的必备物件之一。永久品牌的拥有者中路股份副总经理陈海明说："汽车时代把自行车丢进了历史，但如今绿色生活、低碳出行再次给我们创造了机会，这是老品牌重塑的良机。"基于这一理念，中路股份先后策划了自行车实验室进中学、电动车与自行车自由切换等多项创意活动。在网络上，售价高达8000元的永久C个性化定制自行车也颇有人气。

上海家化的六神系列是国内知名度较高的日化品牌之一。近年来，国内消费增速放缓，令日化行业大伤脑筋。上海家化大众消费品事业部总经理叶伟敏发现，现在的年轻人中，户外锻炼成为一种时尚。针对这种新的需求，家化开发出六神的小包装系列,每年的增长都是两位数。

把互联网和产品研发结合,成为老字号复兴的一条可行路径。上海家化和阿里巴巴合作专门成立数字化营销部门,在网上收集各种数据,为消费者精准"画像"。新品推出时先在网上试销,再根据反馈不断改进。精准的市场定位为产品打开了销路。

五、社会政策要托底——守住底线保障群众基本生活

中央财经领导小组第十一次会议指出,社会政策要托底,就是要守住民生底线,做好就业和社会保障工作,切实保障群众基本生活。

《关于 2016 年深化经济体制改革重点工作的意见》在最后,也提出"深化社会事业相关改革,守住民生底线和社会稳定底线",并提出具体要求:

——深化社会保障制度改革。加强顶层设计研究,完善个人账户制度,研究城镇职工基础养老金全国统筹方案,制定渐进式延迟退休年龄方案。继续推进机关事业单位养老保险制度改革。研究建立基本养老金合理调整机制。制定划转部分国有资本充实社保基金实施方案。研究适当降低社会保险费。

——深化收入分配制度改革。建立改革协调联动机制,统筹推进各类群体的增收措施。建立反映劳动力市场供求关系、与企业经济效益和劳动生产率挂钩的工资决定和正常增长机制。完善最低工资制度,合理确定最低工资标准调整幅度。

——深化教育体制改革。深入推进教育领域综合改革和考试招生制度改革。鼓励和督促各地制定推进教育管办评分离改革方案,开展相关改革试点。推动学前教育管理体制改革,鼓励普惠性幼儿园发展。出台统筹城乡义务教育一体化发展的意见。统一城乡义务教育学校生均公用经费基准定额。支持和规范民办教育发展。

——协调推动医疗、医保、医药联动改革。巩固完善县级公立医院综合改革,将公立医院综合改革试点城市增加到 200 个,扩大综合医改试点省份

范围，加快建立现代医院管理制度。在部分综合医改试点省推广福建省三明市医改做法和经验。推进公立医院医务人员薪酬制度改革，建立维护公益性、调动积极性、保障可持续的运行新机制。深化基层医疗卫生机构综合改革，加快推进分级诊疗制度建设，在 70% 左右的地市开展试点。完善基本医疗保险制度，整合城乡居民基本医保制度和经办管理机构，加快医保支付方式改革，推进基本医保全国联网和异地就医结算。实现大病保险全覆盖。研究制定医疗保险和生育保险合并实施试点方案。健全药品供应保障机制，推进药品流通改革，降低药品虚高价格。全面推进药品医疗器械审评审批制度改革，建立以临床疗效为主导的审评制度，推进仿制药质量和疗效一致性评价，开展药品上市许可持有人制度试点。落实促进社会办医加快发展的若干政策措施。指导各地制定调整完善生育政策的配套政策。

——深化文化、体育改革。加快构建现代公共文化服务体系，推进基本公共文化服务标准化均等化。推动中央各部门各单位已转企改制的出版社、非时政类报刊社重组整合，组建若干出版传媒集团。落实足球改革发展总体方案。

——完善社会组织管理体制。开展行业协会商会与行政机关脱钩改革试点。加大政府向社会组织购买服务力度，推进有条件的事业单位转为社会组织。

"人民对美好生活的向往，就是我们的奋斗目标。"——党的十八届一中全会后的中外记者招待会上，习近平总书记用深情的话语展现了新一届党中央的民生情怀。"民为邦本，本固邦宁。"民生一直是我们党工作的出发点和落脚点。发展为了人民、发展依靠人民、发展成果由人民共享。改革发展搞得成功不成功，最终的判断标准是人民生活水平是否逐步提高，是否共同享受到了改革发展成果。因此，切实保障群众基本生活，是今后加强经济结构性改革必须坚守的底线。

"小康路上，不让一个困难群众掉队"

"扶贫开发成败系于精准，要找准'穷根'、明确靶向，量身定做、对症

下药，真正扶到点上、扶到根上。"——习近平

河北省阜平县是全国重点贫困县，其中骆驼湾村是特困村。2012年年底，习近平总书记冒着零下十几摄氏度的严寒走进太行山深处，看望困难群众，逐一到唐荣斌家、唐宗秀等困难群众家看望，盘腿坐在炕上，同乡亲手拉手，详细询问家里情况，共商脱贫致富之策。

这是一次行程紧凑、内容务实的调研——2012年12月29日下午3时从北京出发，30日下午1时许离开，20多个小时，往来奔波700多公里，走访两个贫困村，召开两场座谈会。

这是一次特殊的看望——在十八大报告提出全面建成小康社会目标背景下，习近平总书记第二次外出考察就专程看望老区困难群众，不仅传递出重要政策信息，也是新一届中央领导集体"实干兴邦"的具体行动。

就在习近平总书记一行考察后，新华社记者也来到这里，采访村民，还原了习总书记考察时的情景：

骆驼湾村是个特困村，村里608口人有428人为贫困人口，2011年农民人均纯收入只有900多元。村路两边，不少房子低矮破旧，石块垒起的围墙上，靠着一捆捆用来烧火取暖的秸秆，寒风吹来，"哗哗"作响。

走进村民唐宗秀家，一张土炕占去半间屋子，炕上摆着一个取暖的火盆。余下半间，就放着两个柜橱和一张桌子。唐宗秀大妈年近七十，她回忆说："总书记知道咱们这儿困难，来访察访察生活好不好，不叫咱受罪。他进来屋里，也没嫌干不干净就坐下来，说我的口音像山西话，和我拉家常，可是亲切。"

"他问我种了几亩地、粮食够吃不够吃、养猪了没有。还问我有什么要求。我跟他说，现在不赖，没什么要求。"唐大妈说。

唐宗秀家门外的小路用石头铺砌而成，走在上面深一脚浅一脚。她特意搀扶着送总书记走出门外，"我叫他慢着点，他也叫我慢着点，说路不好走。"

村民唐荣斌家，屋里一口水缸的盖子上放着一桶食用油，地上是一袋50斤的白面，炕上一床崭新的棉被和一件军大衣格外抢眼。唐荣斌说："这些都是总书记送给我的。这么大领导来我们村，这是头一次。"

一台 21 英寸彩电是唐荣斌家唯一的大家电。他边把电视打开边说："总书记就是站在这儿，让我打开电视，问我能看几个台，还问我家里的电话能不能打长途。"让唐荣斌印象最深的是，总书记叮嘱他要把小孙子的教育搞好，说希望在下一代，下一代要过好生活，首先得有文化。

从县城到龙泉关镇这一路，阜平县委书记李宁太和总书记坐在一辆越野车上。"说老实话，一开始挺紧张，但总书记特别和蔼可亲，就像朋友一样同我讨论阜平的未来。车开了一个小时，他问了一个小时。"李宁太说。

李宁太还告诉记者，总书记在阜平县住宿的房间只有 16 平方米。宾馆餐厅经理贾春红也说，总书记一行的工作餐严格按照"四菜一汤"标准配备，都是家常菜，还特别交代不上酒水。

记者在顾家台村的村口见到村支书顾叔军时，他正组织发放慰问品。"总书记带来了温暖，全村家家户户都没少。"村民冯海花说。

保定市委书记许宁说："播种什么能收获什么。党中央关心基层群众，就一定会收获群众对党的拥护，收获我们党执政能力的不断增强。"

据记者了解，这次考察是习近平总书记亲自提出的，目的是了解中国最贫困地方和群众的真实情况，思考经济社会发展的"短板"，共商全面建成小康社会大计。习总书记强调，不管路多远、条件多艰苦，都要服从于此行的目的。经过有关同志调研，最终把目的地选在了阜平县农民人均纯收入不到 1000 元的两个村。考察前，领导机关提出的要求非常明确，就是要确保总书记在考察中见群众、听真话、摸实情，绝不允许弄虚作假。村民有什么说什么，说不上来不要紧，但不能搞"培训"，更不能"导演"。村民家里也不许搞装饰，要保持村里生活的原生态，不要为这次考察活动添置哪怕一个新板凳。

得知上级要求后，当地一些干部担心，总书记看到阜平发展这么多年仍旧这么贫困，会不会对我们的工作不满意？李宁太开始也有顾虑。他说，像骆驼湾和顾家台这样的特困村，只占全县村子数量 8% 不到。但要把最穷的这一面原原本本展现给总书记，心里还是有些打鼓。李宁太说，总书记不仅充分肯定了阜平近年扶贫工作的成绩，还对我们发展中遇到的一些难题给予支持，与我们一起寻找特困地区脱贫致富的路子。"全面建成小康社会，不能把我们贫困地区落下不是？"李宁太说。

当地各级干部对中央的要求也逐渐理解了。保定市委书记许宁说，总书记这次就是来看"穷"的。只有原汁原味地看，只有对真实情况深入了解，才能做出正确决策。

在实地调查、深入了解情况后，12月30日上午，习近平在顾家台村和干部群众进行了座谈。"我给总书记汇报了今后怎么干好工作，提出我们村子也要实现翻番奔小康。总书记马上说，你翻番人均收入也才两千，离小康还有很远距离。说这话时，他紧锁着眉头。"村支书顾叔军回忆说。

座谈中，习近平提出了"把帮助困难群众脱贫致富摆在更加突出位置"的新要求。顾叔军说，总书记提出"因地制宜、科学规划、分类指导、因势利导"四句话并做了解释，每一句话，都有深刻的涵义，他明确要求各项扶持政策要进一步向革命老区、贫困地区倾斜。

李宁太说，阜平是晋察冀边区政府所在地，曾经在这里战斗生活过的聂荣臻元帅留下了"阜平不富，死不瞑目"的心愿。在座谈会上，习近平总书记还深情回忆起了与聂帅交往的故事。

在顾家台村，记者见到17岁的顾文香，村民顾成虎的女儿。总书记到家中走访时，她没有在屋，觉得有些遗憾。正在阜平职教中心读高中一年级的她，已经萌生了退学的想法。她说，自己最大的愿望就是赶快挣钱养家。

"我妈、我哥都有重病。家里太穷了！爸爸这么大年纪还要去种地……"说着说着，她竟泣不成声。

"习总书记来看我们，就是想帮我们富起来。我还是不能退学，要好好学习，将来假如我能挣2000块钱，我就给家里1500。"简单的心愿打动了在场的人们。

龙泉关镇党委书记郗大建说，因为贫困，一些年轻人纷纷外迁，村子里面缺少发展后劲。今后要想方设法让人才留下来，就像总书记强调的"只要有信心，黄土变成金"。面对扶贫攻坚难题，2012年以来，河北省开展加强基层建设年活动，选择 5010 个穷村乱村，派出 1.5 万余名干部驻村帮扶。指着村里新修的道路以及休闲健身小广场，顾家台村驻村帮扶工作组组长、保定银行党委委员王恩东说，我告诉总书记我们为村里办了十件实事，总书记给予肯定。我们下定决心，不摘"穷帽"绝不撤离。

"总书记希望我们经过三年努力，把村子规划好、建设好，既要有文化，收入也要大大增加。"顾家台村村支书顾叔军说，让他感到有些意外的是，总书记临上车前转身叮嘱他说，希望早日听到乡亲们脱贫致富的好消息，"以后有什么事可以找他，或者写信"。

习近平离开村子时约中午 12 点，村民纷纷涌上前来争着和总书记握手道别。村民冯海花回忆，总书记说："希望下次来，村里有更大的变化"。"总书记盼着我们富，我们也想着发财致富，两下子想到一块去，就一定能成！"冯海花说。

在习近平总书记考察三年后，新华社记者又在猴年春节走访了这个昔日的特困村，看到了三年以来扶贫攻坚的巨大变化。

如今，唐荣斌家的土坯砖房已经翻修一新，还新建了厨房和带洗浴的卫生间。翻修材料取之于本土，原汁原味地保留了当地特色。正是享受了政府危旧房改造政策的福利，骆驼湾村低矮破旧的房子得以修缮。

"这在过去想都不敢想，我们真是托共产党的福！"唐荣斌说。

三年来，除了为特殊困难群众提供资金支持，阜平县为摘掉贫困帽子进行了不少尝试。去年，经中国保监会批准，中国人民财产保险股份有限公司根据阜平县特点，专门设立肉牛、肉羊、核桃、大枣成本价格保险，针对市场价格波动造成的成本损失，为农民持续增收兜起一张网，兜住农民种植、养殖的经营风险。2015 年 3 月 17 日，阜平县平阳镇王快村村民张晓明成为第一个"吃螃蟹"的人，他先后为自己的 370 只绵羊购买了肉羊成本价格保险。每只羊的保险费为 85.5 元，保险金额为 950 元，保险金额包含羊羔成本和饲养成本。

县委书记郝国赤介绍："成本价格保险针对的是阜平经济基础差、发展水平低、人民群众抵御种养业生产经营风险能力较弱这一现实，目的是'兜'住经营风险的底，防止农户因不可抗力返贫。三年来，我们通过深化精准扶贫提高扶贫成效，金融扶贫培育致富产业，山区综合开发实现借地生金，找到了农民脱贫致富的新路径。尽管取得一定成效，但大都处于探索起步阶段，最终效果还有待在今后实践中检验。"

习近平总书记的一系列指示，充分体现了把 13 亿多人全部带入全面小康的坚定决心。他多次强调，全面建成小康社会，最艰巨最繁重的任务在农村、特别是在贫困地区。没有农村的小康，特别是没有贫困地区的小康，就没有小康社会的全面建成。

"只要有信心，黄土变成金。"从 2011 年到 2014 年，我国农村贫困人口从 1.22 亿人减少到 7017 万人，累计减贫 5221 万人，相当于一个中等国家的人口总量。

2015 年岁末，《中共中央国务院关于打赢脱贫攻坚战的决定》正式发布。明确到 2020 年 7000 万贫困人口全部脱贫，贫困县全部摘帽，解决区域性整体贫困。各级党委政府层层签订脱贫攻坚责任书，立下"军令状"。中国吹响了向贫困发动总攻的"冲锋号"。

明确靶向才能对症下药。我国贫困人口致贫原因不尽相同，中央确定扶贫开发要按照"分类施策"的原则，不能眉毛胡子一把抓，必须根据实际情况，是瞄准"穷根"的精准施策。要实施精准扶贫、精准脱贫。扶持生产和就业发展一批、易地搬迁安置一批、生态保护脱贫一批、教育扶贫脱贫一批、低保政策兜底一批。这就是中央确定的今后五年 7000 多万贫困人口全部脱贫的方向。

"织就密实的民生保障网"

"特别是要从解决群众最关心最直接最现实的利益问题入手，做好普惠性、基础性、兜底性民生建设，全面提高公共服务共建能力和共享水平，满足老百姓多样化的民生需求，织就密实的民生保障网。"2016 年新年伊始，习近平总书记在重庆调研时再次强调。

　　就业、医疗、养老、低保等，是人民群众生活的基本保障。为此中央提出，社会政策要托底，就是要守住民生底线。要更好发挥社会保障的社会稳定器作用，把重点放在兜底上，保障群众基本生活，保障基本公共服务。

　　——对于 1800 万左右的城镇低保人口而言，要通过完善各项保障制度来保障基本生活；

　　——对 1.3 亿多 65 岁以上的老年人，要增加养老服务供给、增强医疗服务的便利性；

　　——对 2 亿多在城镇务工的农民工，要让他们逐步公平享受当地基本公共服务；

　　——对上千万在特大城市就业的大学毕业生等其他常住人口，要让他们有适宜的居住条件；

　　——对 900 多万城镇登记失业人员，要让他们有一门专业技能，实现稳定就业和稳定收入；

　　……

　　在党的十八届五中全会第二次全体会议上，习近平总书记强调指出，我们要坚持以人民为中心的发展思想，针对特定人群面临的特定困难，想方设法帮助他们解决实际问题。三年多来，即使在经济下行压力加大的情况下，我国民生保障力度不减反增。城乡居民养老、医疗、低保等保障水平不断提高，一张保基本、兜底线、广覆盖的民生保障网不断织密织牢：

　　2015 年，我国城镇新增就业 1312 万人，城镇登记失业率控制在 4.5% 以内；职工医保、城镇居民医保和新农合参保人数超过 13 亿，参保覆盖率稳定在 95% 以上；基本养老保险参保人数超过 8.42 亿人；2014 年、2015 年培训农民工均超过 2000 万人。前不久，《国务院关于进一步健全特困人员救助供养制度的意见》正式发布……十八大以来，党中央始终坚持把改善民生、凝聚人心作为经济社会发展的出发点和落脚点，筑牢民生底线，持续推进经济社会协调发展，广大人民群众反映强烈的一系列问题不断得到解决。

党的十八大报告指出，加强社会建设，必须以保障和改善民生为重点。要多谋民生之利，多解民生之忧，解决好人民最关心最直接最现实的利益问题，在学有所教、劳有所得、病有所医、老有所养、住有所居上持续取得新进展，努力让人民过上更好生活。习近平总书记指出："我们党和政府做一切工作出发点、落脚点都是让人民过上好日子。"

习近平指出："我们要随时随刻倾听人民呼声、回应人民期待，保证人民平等参与、平等发展权利，维护社会公平正义，在学有所教、老有所得、病有所医、老有所养、住有所居上持续取得新进展，不断实现好、维护好、发展好最广大人民根本利益，使发展成果更多更公平惠及全体人民，在经济社会不断发展的基础上，朝着共同富裕方向稳步前进。"

增进民生福祉也是坚持立党为公、执政为民的本质要求。我们党来自人民、植根人民、服务人民，是全心全意为人民服务的政党，无论干革命、搞建设、抓改革，都是为了让人民过上幸福生活。检验党和政府一切工作的成效，最终都要看人民是否真正得到了实惠，人民生活是否真正得到了改善。

2016 年是全面建成小康社会决胜阶段的开局之年。在今年的全国"两会"上，延迟退休、社保、医疗、扶贫、学前教育等一系列与百姓息息相关的民生任务时间表有望得以明确。

——延迟退休：今年将出台方案向社会征求意见。

"十三五"规划纲要草案中明确，出台渐进式延迟退休年龄政策。人力资源和社会保障部部长尹蔚民在"两会"期间表示，延迟退休方案今年会按照相关程序批准后向社会征求意见，完善后再正式推出。

专家分析认为，延迟退休方案出台至少还要经过广泛征求意见、按程序报批、各地出台细则三道程序。尹蔚民介绍，延迟退休政策的方向是小步慢走、渐进到位、区别对待、分步实施，预计每年只会延长几个月的退休年龄。

——社保：养老金今年预计上调约 6.5%，多地将下调社保费率。

提交审议的中央和地方预算草案报告中提出，自 2016 年 1 月 1 日起，按 6.5% 左右提高企业和机关事业单位退休人员养老金标准。人社部社会保障研究所所长金维刚表示，制定划转部分国有资本充实社保基金办法、完善职工养老保险个人账户、出台养老保险制度改革三项重要方案都已列入有关部门今年工作计划。目前，一些地方已经先行先试，广东等多地出台文件下调社保费率。

——医疗：年内实现大病保险全覆盖，整合城乡居民基本医保制度。

《政府工作报告》提出，今年将协调推进医疗、医保、医药联动改革。要实现大病保险全覆盖。在 70% 左右的地市开展分级诊疗试点。中央财政安排城乡医疗救助补助资金 160 亿元。同时，整合城乡居民基本医保制度，财政补助由每人每年 380 元提高到 420 元。基本公共卫生服务经费财政补助从人均 40 元提高到 45 元，促进医疗资源向基层和农村流动。专家表示，我国医疗改革加速推进，老百姓看病难看病贵的问题正在逐步得到解决，这也是增进改革获得感的重要方式。目前，儿科医生短缺、医院"号贩子"等仍然存在，需要继续加大改革力度，让所有人都能享受到更好的医疗服务。

——扶贫：年内完成 1000 万以上农村贫困人口脱贫任务，中央财政扶贫资金增长 43.4%。

《政府工作报告》提出，实施脱贫攻坚工程。2016 年要完成 1000 万以上农村贫困人口脱贫任务，其中易地搬迁脱贫 200 万人以上，继续推进贫困农户危房改造。中央财政扶贫资金增长 43.4%。坚持精准扶贫脱贫，因人因地施策。专家表示，完成扶贫攻坚任务，要激发包括政府、企业等在内的各方力量，关注并帮助贫困地区，实施精准扶贫，让贫困地区的老百姓在小康路上不掉队。

——住房：今年城镇棚户区住房改造 600 万套，农村危房改造 314 万户。

《政府工作报告》以及国民经济和社会发展计划草案中提出，推进城镇保障性安居工程建设和房地产市场平稳健康发展，完成城镇棚户区住房改造 600 万套，农村危房改造 314 万户。并且，要建立租购并举的住房制度，把符合条件的外来人口逐步纳入公租房供应范围。提高住房建设和保障水平、促进房地产市场健康发展等任务非常明确。要从地方实际出发，尽快把有关惠民政策和保障措施落实到位，改善百姓居住条件，让百姓住有所居，有更多获得感。

——个税：改革方案今年将提交全国人大审议。

"十三五"规划纲要草案中明确，加快建立综合与分类相结合的个人所得税制度。财政部部长楼继伟在"两会"新闻发布会上表示，目前个税改革方案已提交国务院。按照全国人大立法的规划和国务院的要求，今年将把综合与分类相结合的个人所得税法的草案提交全国人大审议。业内专家表示，将11项分类所得适当归并征、建立"基本扣除＋专项扣除"的税前扣除这两方面将成为改革重点，使传统单纯提高工薪所得"起征点"的"一刀切"，转变为体现支出差异的"个性化"。

——环境治理：五年内地级及以上城市空气质量优良天数比率超过80%。

政府工作报告提出，重点地区细颗粒物（PM$_{2.5}$）浓度继续下降。同时，要着力抓好减少燃煤排放和机动车排放；淘汰黄标车和老旧车380万辆；大力发展节能环保产业。"十三五"规划纲要草案提出，制定城市空气质量达标计划，地级及以上城市重污染天数减少25%；加大黑臭水体整治力度；实施土壤污染分类分级防治。环境保护部部长陈吉宁在"两会"期间表示，我国目前正处在治理雾霾的第二个阶段，中国正通过一系列硬举措应对硬挑战，优良天数、重污染天数、全年PM$_{2.5}$浓度等指标正在发生积极变化。

——学前教育：五年内幼儿园毛入园率提高到85%。

教育部部长袁贵仁在"两会"期间表示，全面二孩政策实施后，有关方面预计每年会新增300万名儿童，学前教育将面临较大压力。"十三五"规划纲要草案中提出，学前三年毛入园率提高到85%。业内人士表示，当前应采取更多普惠性措施支持学前教育发展，提高公办园数量，通过对民办园教师予以财政补贴等灵活多样的方式，扩大幼儿教师培养规模。

"使人民群众在共建共享发展中有更多获得感"

习近平总书记强调，在整个发展过程中，都要注重民生、保障民生、改善民生，让改革发展成果更多更公平惠及广大人民群众，使人民群众在共建共享发展中有更多获得感。特别是要从解决群众最关心最直接最现实的利益问题入手，做好普惠性、基础性、兜底性民生建设，全面提高公共服务共建能力和共享水平，满足老百姓多样化的民生需求，织就密实的民生保障网。

2016新年伊始，习近平总书记对食品安全工作作出重要指示强调，当前，我国食品安全形势依然严峻，人民群众热切期盼吃得更放心、吃得更健康。2016年是"十三五"开局之年，要牢固树立以人民为中心的发展理念，坚持党政同责、标本兼治，加强统筹协调，加快完善统一权威的监管体制和制度，落实"四个最严"的要求，切实保障人民群众"舌尖上的安全"。

吃得更放心，住得更宽敞，行得更通畅，环境更优美，社会分配更公平……人民对美好生活的向往，就是我们的奋斗目标。全面小康，是惠及全体人民的小康，是人人参与、人人尽力、人人享有的小康。党的十八大以来，中央紧紧围绕共建共享这一核心，全面提高公共服务水平和覆盖面，不断增进人民福祉，让百姓有了更多的"获得感"。

收入持续提高，分配更加公平。2015年，我国城乡居民收入实际增长7.4%，超过同期6.9%的GDP增速，城乡居民收入差距不断缩小，衡量居民收入差距的基尼系数进一步收窄。

公共卫生普及，均等化水平提高。城乡居民基本医保财政补助标准由2008年人均80元提高到2015年的380元；居民人均预期寿命2015年预计比2010年提高1岁；县级公立医院改革全面推开，公立医院改革试点城市扩大到100个，4个省级综合改革试点稳步推进。

教室更加明亮，教育更加公平。2015年以来，全国新建、改扩建校舍5166万平方米，集中采购教学仪器设备280多亿元，全面改善贫困地区义务教育薄弱学校基本办学条件工作取得明显成果。2016年，将评估认定500多个义务教育均衡发展县。

出行更加便捷，道路越走越宽。2015年末，我国铁路突破12万公里，其中高速铁路1.9万公里；农村公路里程突破397万公里，全国96%的县城实现二级及以上等级公路连通。集中连片特困地区92%的县城通二级及以上公路、86.5%的建制村实现通畅。

天更蓝水更清,提升环境质量。2015 年,全国 338 个城市可吸入颗粒物(PM$_{10}$)年均浓度同比下降 7.4%;细颗粒物(PM$_{2.5}$)平均浓度在 161 个可比城市同比下降 11.3%。《大气污染防治行动计划》和《水污染防治行动计划》先后发布实施。

改革为了人民,改革也必须依靠人民。而要想得到人民支持,就必须体现公平正义,让人民从改革中受益,有更多获得感。十八大以来民生领域改革之所以能够稳步推进,最重要的就是赢得了广大人民群众的拥护和支持。

——决胜全面小康,共享是出发点和落脚点。

中央关于制定"十三五"规划的建议指出:共享是中国特色社会主义的本质要求。必须坚持发展为了人民、发展依靠人民、发展成果由人民共享。而其中获得感是共享的评判标准。

经济学家辜胜阻表示:"共享发展理念回答了'发展目标是什么和发展成果如何共享'的问题,突出了发展的公平性,主要任务是解决好就业、收入和社保等民生问题。"也就是说,发展不是为了发展而发展,最终落脚点在民生福祉。

在共享发展理念指引下,"十三五"规划纲要草案明确了诸多与百姓密切相关的民生举措:从贫困人口全部脱贫到缩小收入分配差距,从更完善的社会保障到更广泛的基本公共服务,从提升教育水平到健康中国战略等等,中央把缩小城乡区域差距,作为释放发展潜力的重要一环。

——实现共享发展,将为全面小康提供强大动力。

民生问题,千头万绪。落实共享发展理念,要从人民最关心最直接最现实的问题入手。由人民共享发展成果,全面小康才能凝心聚力。近年我国民生保障力度不断加大,但在公共服务、社会保障、收入分配等领域,与百姓期待仍有差距。共享发展,就是更加注重公平、发展的含金量和老百姓的获得感。全面小康,不仅是量化指标的完成,更体现在人民群众的满意度和幸福感。只有广大人民群众的获得感不断提升,才能聚合人心、激发力量,同心同德向目标冲刺。

——落实共享发展理念，要横下心打赢扶贫攻坚战。

贫困人口全部脱贫是全面小康最艰巨的任务，也是共享发展最紧迫的体现，必须重点攻坚。与已脱贫人口相比，现有贫困人口集中分布在生产生活条件差、自然灾害多、基础设施落后的地区，贫困程度更深，环境更恶劣，脱贫难度更大。

对"一方水土养不起一方人"的实施扶贫搬迁、对丧失劳动能力的实施兜底性保障政策、探索对贫困人口实行资产收益扶持制度……"十三五"规划纲要草案给出精准扶贫、精准脱贫的路线图。

——落实共享发展理念，要有更有效的制度安排。

让发展成果更多更公平地惠及全体人民，归根到底要通过制度来落实。

养老医疗保险等社会保障制度，是人民群众生活的基本保障。"十三五"规划纲要草案明确，建立更加公平更可持续的社会保障制度，实现职工基础养老金全国统筹，全面实施城乡居民大病保险制度、深化医药卫生体制改革等。

收入增长是共享发展最直接的体现。实现到 2020 年城乡居民人均收入比 2010 年翻一番的目标，要健全科学的工资水平决定机制、正常增长机制、支付保障机制，完善税收等再分配调节机制，让老百姓收入增加更快，差距更小。此外，共享发展，还要加强重点群体的权益保障。

4. "保障和改善民生没有终点，只有连续不断的新起点"

"今年不仅落了户，通过当地改革的优惠政策，31 万就买到了一套 136 平方米的安置房。"原籍四川资中县（现资中市）的雷宏权在福建晋江打拼了 12 年，户口和房子，两块压在他心头的石头终于在 2015 年落了下来。"以前一家三口挤在公司巴掌大的宿舍，转个身都困难，最让人揪心的还是孩子，没有户口，想上学都困难。"

随着我国城镇化的快速推进，大量农村劳动力向城市转移就业，同时城市间的人口流动也不断加速。据第六次人口普查，全国跨县（市、区）居住半年以上的人口超过 1.7 亿。但这部分常住人口却在教育、医疗、养老、住房保障等方面难以与当地户籍人口享受同等的基本公共服务。

党中央、国务院高度重视上述问题，作出一系列推进城镇化建设和户籍制度改革的重大决策部署。2014 年 3 月，中共中央、国务院印发了《国家新型城镇化规划（2014—2020 年）》；同年 7 月国务院印发了《国务院关于进一步推进户籍制度改革的意见》。2016 年 1 月 1 日，《居住证暂行条例》正式施行，亿万农民工的"城市梦"有望变成现实。

"面对浩浩荡荡的时代潮流，面对人民群众过上更好生活的殷切期待，我们不能有丝毫自满，不能有丝毫懈怠，必须再接再厉、一往无前，继续把中国特色社会主义事业推向前进，继续为实现中华民族伟大复兴的中国梦而努力奋斗。"在第十二届全国人民代表大会第一次会议上，新当选的中华人民共和国主席习近平向全国人民庄严承诺。

三年多来，户籍制度改革、考试招生制度改革、农村土地制度改革、公立医院综合改革、环保改革、司法体制改革……一项项着眼民生长远发展的改革陆续布局落地。党的十八届五中全会审议通过的《中共中央关于制定国民经济和社会发展第十三个五年规划的建议》中，"坚持人民主体地位"被列为实现全面建成小康社会奋斗目标必须遵循的第一原则。

在各种场合，习近平总书记反复告诫全党："如果不能给老百姓带来实实在在的利益，如果不能创造更加公平的社会环境，甚至导致更多不公平，改革就失去意义，也不可能持续。""要坚持把增进人民福祉、促进人的全面发展、朝着共同富裕方向稳步前进作为经济发展的出发点和落脚点，部署经济工作、制定经济政策、推动经济发展都要牢牢坚持这个根本立场。"

民生所指，国运所系；民心所向，政之所行。只要我们在"四个全面"战略布局下，坚持"五位一体"的发展思路，全面推进和落实创新、协调、绿色、开放、共享五大发展理念，人民对美好生活的向往必将实现。

第四章 如何完成"供给侧改革"的五大任务

推进供给侧结构性改革，是适应和引领经济发展新常态的重大创新，是适应国际金融危机发生后综合国力竞争新形势的主动选择，是适应我国经济发展新常态的必然要求。2016年是全面建成小康社会决胜阶段的开局之年，也是推进结构性改革的攻坚之年。2015年底召开的中央经济工作会议指出：着力加强结构性改革，在适度扩大总需求的同时，去产能、去库存、去杠杆、降成本、补短板，提高供给体系质量和效率，提高投资有效性，加快培育新的发展动能，改造提升传统比较优势，增强持续增长动力，推动我国社会生产力水平整体改善，努力实现"十三五"时期经济社会发展的良好开局。

去产能、去库存、去杠杆、降成本、补短板被称为"三去一降一补"，是经济工作中的"战术"问题。中央工作会议明确指出，今年经济社会发展特别是结构性改革任务十分繁重，战略上要坚持稳中求进、把握好节奏和力度，战术上要抓住关键点，主要是抓好去产能、去库存、去杠杆、降成本、补短板五大任务。

我国经济发展进入新常态，结构性矛盾特别是供给侧结构性问题日益突出，存在着部分行业产能严重过剩，群众高品质需求得不到满足等矛盾。结构性问题需要结构性改革来破解。中央提出的"三去一降一补"，既相互联系也相互促进。国务院发展研究中心资源与环境政策研究所副所长李佐军认为，

2015 年通过政府简政放权，创业创新收到了明显成效；2016 年在继续深入实施创新驱动战略的同时，要把淘汰落后产能和促进创业创新结合起来。原来"僵尸企业"占用的信贷、土地等资源，都可以在政府引导下流向新兴产业，实现除旧立新。

推进结构性改革，要在战略上坚持持久战，战术上打好歼灭战。

2016 年 1 月 26 日，中共中央总书记、国家主席、中央军委主席、中央财经领导小组组长习近平主持召开中央财经领导小组第十二次会议，研究供给侧结构性改革方案等问题。习近平发表重要讲话强调，供给侧结构性改革的根本目的是提高社会生产力水平，落实好以人民为中心的发展思想。要在适度扩大总需求的同时，去产能、去库存、去杠杆、降成本、补短板，从生产领域加强优质供给，减少无效供给，扩大有效供给，提高供给结构适应性和灵活性，提高全要素生产率，使供给体系更好适应需求结构变化。

此次会议分别听取了国家发展改革委、财政部、住房城乡建设部、人民银行、国务院国资委关于去产能、去库存、去杠杆、降成本、补短板的八个工作方案思路的汇报。

从中央财经领导小组第十一次会议首提供给侧结构性改革，到中央经济工作会议强调抓好去产能、去库存、去杠杆、降成本、补短板五大任务，1 月 26 日召开的中央财经领导小组第十二次会议研究供给侧结构性改革方案，表明这项改革即将进入具体实施阶段。

专家表示，供给侧结构性改革方案涉及多个部门，至少与解决化解产能过剩过程中的财政支持、降低企业经营成本、促进房地产去库存、国有企业兼并重组等改革主要任务密切相关。推动供给侧结构性改革取得实质进展，才能实现更高质量、更有效率、更加公平、更可持续的发展。

此次会议明确了做好改革方案的五大方向：

——情况要摸清，搞清楚现状是什么，深入调查研究，搞好基础数据测算，善于解剖麻雀，把实际情况摸准摸透，胸中有数，有的放矢；

——目的要明确，搞清楚方向和目的是什么，把握好手段，防止就事论

事甚至本末倒置;

——任务要具体，搞清楚到底要干什么，确定的任务要具体化、可操作;

——责任要落实，搞清楚谁来干，做到可督促、可检查、能问责;

——措施要有力，搞清楚怎么办，用什么政策措施来办，政策措施要符合实际、有效有用、有操作性，让地方和相关部门知道怎么干。

推进供给侧结构性改革，摸清情况是前提，明确目的是基础，任务要具体、责任要落实、措施要有力实际上是强调改革方案一定要具有很强的可操作性，明明白白写清楚政府和各相关部门要做什么，如果没做到要承担什么样的责任，这样才能保证各项改革措施有力、有效、有持续性。

推进供给侧结构性改革是一场持久战，但如果畏首畏尾，拖延不决，只会贻误战机，留下历史遗憾。正如习近平总书记在会上所指出的，去产能、去库存、去杠杆、降成本、补短板是工作重点，关系到供给侧结构性改革的开局、关系到"十三五"的开局。各地区各部门要坚定信心、坚决行动，抓紧抓好抓实，切实取得实效。

一、去产能——"瘦身健美"并非一日之功

会议把"去产能"列为 2016 年结构性改革五大任务之首，并明确了"多兼并重组，少破产清算"的思路。中国企业研究院首席研究员李锦认为，化解过剩产能必须从解决"僵尸企业"入手，通过关停并转，用产权转让、关闭破产等方式加快清理退出。还要用"腾笼换鸟"的思路去换产品、换技术，换新的运营方式，提供有效供给，并严格控制增量，防止新的产能过剩。

为什么中央要把"去产能"列为五大具体任务之首？我们可以拿钢铁行业作为分析对象管中窥豹。还是在七八年前，钢铁业可以说是中国最火的一个行业，那时几乎每个省都要新上钢铁项目，既有的钢铁企业也纷纷扩能改造。典型的省份如河北、典型的城市如唐山等，炼钢高炉此起彼伏，甚至坊间笑称，世界钢铁产量中国第一，河北第二，唐山第三。一时间，炼钢厂仿

佛成了"印钞机",拉动当地税收就业。同时,国际铁矿石价格等也因中国大炼钢铁不断攀高。那段时间,中国港口大量堆积的是铁矿石,铁路大量拉的是铁矿石或钢材。钢铁等重工业甚至加重了周边城市的污染。

但是,现在如果去钢铁企业看一看,又会是什么样的景象?

当前,钢铁行业需求乏力、产能过剩、同质竞争等规模化扩张之后的负效应持续显现。笔者在冀、晋、渝等省调研了解到,相比一年前,市场进一步恶化,钢材价格跌跌不休,企业利润不断下滑,多数处于亏损状态,全行业深陷20年来"真正严冬"。业内甚至有人预测,"钢铁危机"日益临近,一批竞争能力不强的钢铁企业随着亏损严重有可能被迫退市。

2014年底,北方某省钢铁集团高管曾接受笔者采访时说:"搞钢铁20年,现在日子最不好过。今年下滑最快,七八月份还有利润,十月份以后,吨钢只赚50到70元,有些企业快撑不住了。"

然而,时隔整整一年后,笔者再次回访这家钢铁集团时,钢价相比一年前继续下跌,吨钢出现亏损,但这家企业还在苦苦支撑。"2008年以来,钢铁行业钢价最高时6000多元/吨,现在钢坯1400多元/吨,合7毛钱一斤,废钢才3毛多一斤,比废纸还便宜。"这位高管无奈地说,"市场还会往下走,走到什么程度不好说。"

据钢铁行业门户网站"我的钢铁"统计,2015年9月,钢材综合价格2241元/吨,同比下降957元/吨;重点监测的10种钢材品种价格,同比下降22.8%至34.3%。现在,中国钢材综合价格指数只相当于1994年的六成。相比20年前,尽管物价、人工费都在上涨,但钢材价格不仅没有上涨,反而大幅下降。这其中既有技术进步、规模经营因素,也有需求低迷、原燃料价格共跌的原因。

从企业效益看,2015年6月以来,全国钢铁主业经济效益大幅下滑,到10月份累计亏损超过720亿元,亏损面超过45%,销售利润率降至-5.37%,多家钢企吨钢亏损超过200元。盈利产品多为板卷带材,亏损产品多为螺线棒材,行业盈利和亏损大幅分化。

北方另一家钢铁集团副总经理说，2014年，企业还有2亿元利润，2015年1至7月份利润达1亿多元，8月份开始亏损。其他钢铁企业的境遇和这家企业也差不太多，有的钢铁企业甚至自2009年以来始终处于亏损状态，企业经营举步维艰。有钢铁业内部人士说，不少盈利企业的利润是账面上的，钢铁主业的亏损早就开始了。

中国钢铁工业协会有关负责人指出，钢铁行业的冬天从2015年7月份就开始了，企业普遍减产、减员、降薪，亏损负债增加，"但还未到真正的严冬"。多数钢企靠吃老本挣扎在生死线上。

笔者走访时了解到，尽管钢铁行业进入号称20年来的最困难时期，但多数企业仍在坚持生产。由于行业集中度低、信息不对称，钢企不可能同步减产，生产可能亏损，停产损失更大，谁先减产可能谁先破产。于是企业大都选择"即使亏损也要生产"，或者只做少量减产，恶性竞争难以缓解。

一位钢铁企业副总说，企业目前日产2万吨，基本满负荷生产，去年拖欠了工人8个月工资，今年咬牙补了5个月的。如果加上三项费用和折旧，吨钢亏损300元，每个月亏损1亿多元；如果不算三项费用和折旧，现金流微亏，还能挺着。宁可多赔钱，也不敢有库存，希望目前的形势持续下去，尽管我们日子不好过，但再支撑两年没问题，最后市场逼死一批。

小钢企由于机制灵活，财务、销售、人工成本低，库存少、周转快，部分企业正在计划性检修，当市场形势略有好转后必然复产。而大型钢企由于人工、库存、财务成本等压力，则要全力确保现金流周转。如果企业停产，银行就会断贷，只有生产才能维持现状。

从2015年第四季度开始，国内钢铁行业已经拉开停产大幕。山西钢厂目前开工率处于极低水平。在河北第一大产钢市唐山，目前已有多家企业处于停产状态。同样的停产现象在多地都有发生。

一些受访者认为，当前钢铁产业结构性调整已进入深水区，由高增长期以产量规模扩张为中心的竞争，转向衰退期以成本利润为中心的竞争，一批钢铁企业随着亏损严重必然被迫退市。专家认为，今年初是实质性去产能的关键窗口期。钢铁市场形势短期内不会好转，市场调节作用开始真正体现，当整个行业经历一次大规模洗牌后，钢价自然回升到正常价位。

产能严重过剩的煤炭行业在同样遭遇断崖式的价格下跌后，出现了全行业亏损。笔者在煤炭大省山西调研了解到，从 2014 年 7 月起，山西煤业出现连续亏损。根据有关统计，2015 年前三季度，山西煤炭企业亏损 70 多亿元。

当地一家国有煤企副总经理介绍，2015 年以来企业出现大幅度亏损，有的矿井材料费只付 5% 的货款，如果不拖欠，企业马上就得停产。受企业亏损影响，公司不断分流井下一线职工、降低工资标准。一些煤炭大省甚至存在"越亏损越超采"的怪现象，一些企业负责人反映，不论开采与否，矿井的维护成本都是"刚性"的，为了"摊薄"这些成本，维持现金流，一些企业就尽可能多开采。越是大企业、现代化水平高的企业，超采情况越严重，有的煤矿实际产能比设计产能多出好几倍。这种反常超采，不仅进一步加剧了煤炭市场下行压力，还导致资源浪费。

除煤炭、钢铁、有色等重化工行业外，造船等领域的产能过剩也还没有完全消化。2015 年以来，我国已有多家造船企业破产。一家船务公司负责人对笔者表示，现在船企倒闭得很多，尤其是民营船厂，造船能力过剩的问题十分突出，预计将有约 40% 的船企会被淘汰。

形势严峻，现实逼人，去产能必须成为五大具体任务之首。

"我们铁的产能已经去了 3391 万吨，钢的产能已经去了 4106 万吨，相当于去掉了两个鞍钢的产能。"今年 3 月 22 日，河北省副省长张杰辉在博鳌亚洲论坛 2016 年年会上表示，在供给侧结构性改革过程中下大力气去产能，是京津冀协同发展中河北面临的首要任务。在当日举行的博鳌亚洲论坛分论坛"京津冀一体化：众行以致远"上，来自京津冀三个省市政府相关负责人和国务院发展研究中心的专家对京津冀协同发展问题展开讨论。与会嘉宾在讨论中认为，实现京津冀协同发展，河北发展相对滞后这一问题必须解决。

作为经济大省和工业强省，江苏省在经济下行压力持续加大的背景下，去冬今春以来，对 13 个省辖市全面摸查梳理，制定发布推进供给侧结构性改革的总体意见和去产能、去库存、去杠杆、降成本、补短板五个实施意见，通过设定刚性目标和100多条重点举措，力求"去"到位、"降"得实、"补"关键，促进经济平稳健康发展。

"去产能"，就是要给有效供给腾空间。围绕发挥市场出清作用去产能、分城施策去库存、分类审慎去杠杆，江苏提出一系列刚性目标。其中，到2018年底，分别压减煤炭、钢铁、水泥、平板玻璃、船舶产能700万吨、1255万吨、600万吨、800万重量箱、330万载重吨，实现僵尸企业全部出清；全省住宅商品房库存去化周期力争控制在14个月以内；非金融企业直接融资占社会融资规模比重提高到30%左右，符合置换条件的政府存量债务全部置换为政府债券。

在"十三五"开局首季，随着各项目标的确定和措施的出台，一些地方行动起来，以煤炭和钢铁行业为标志，化解过剩产能，努力实现经济"瘦身健美"。

今年以来，一项项去产能的实质性举措陆续出台。

2月4日，国务院发布《关于钢铁行业化解过剩产能实现脱困发展的意见》，明确在近年来淘汰落后钢铁产能的基础上，从2016年开始，用5年时间再压减粗钢产能1亿—1.5亿吨；

2月5日，国务院发布《关于煤炭行业化解过剩产能实现脱困发展的意见》，明确在近年来淘汰落后煤炭产能的基础上，从2016年开始，用3至5年的时间，再退出产能5亿吨左右、减量重组5亿吨左右，较大幅度压缩煤炭产能；

2月25日，工信部表示，中央政府决定设立工业企业结构调整专项奖补资金，资金规模是两年1000亿元，用于化解过剩产能、处置僵尸企业过程中的职工安置；

……

面对产能过剩攻坚，中央多措并举，拿出真金白银。

业内人士表示，过剩行业企业不仅占用了大量的资源，使得有限的资源没法用到代表中国经济未来方向的新兴产业中去，而且还可能带来信用风险，并传导到其他领域。对此，政府必须痛下决心予以解决。当前，产能过剩犹如"恶性毒瘤"，成为中国经济迫切需要医治的病症。中国企业研究院首席研究员李锦说："过去那些低端附加值以及能源消耗量大的企业要加速退出市场，特别是一些没有核心竞争力和先进技术的'僵尸企业'，必须退出市场，这是不能有任何犹豫的。"

过剩产能不去，行业盈利状况很难根本改观。然而，去产能的过程必然伴随着阵痛。在全国钢铁第一大省河北，尽管压减过剩产能力度一直在加大，但去年该省钢、铁、材产量不降反增。春节过后，钢材市场回暖，一些停产企业已经复产或准备复产，给去产能带来巨大压力。

按照既定目标，到2017年底，河北省要压减炼铁产能6000万吨、炼钢产能6000万吨。而自2013年以来至2015年底，河北已累计压减炼铁产能3391万吨、炼钢产能4106万吨，分别完成全部任务的56.5%、68.4%。

在安徽省，正在压减的钢铁产能有400万吨左右，再结合企业转型升级，未来还可削减适量的低效产能。"如果按比例压减，安徽完成去产能目标不成问题。"安徽省经信委主任牛弩韬表示。

不过，在牛弩韬看来，钢铁行业去产能的关键是要让企业扭亏脱困。压缩产能是要改变供需比例，让钢材价格恢复到合理水平；通过债转股、破产、核销呆坏账等方式，降低企业财务费用，以期实现企业扭亏脱困。虽然安徽钢铁企业不多，但去年以来行业效益下降非常快。据介绍，安徽目前有钢铁企业12家，去年累计生产粗钢2785万吨，亏损58亿元，而上年同期是盈利5.8亿元。

牛弩韬说，去产能要淘汰落后产能，更要优化行业产品结构。在安徽，钢铁行业产品中，钢坯、螺纹钢等初级产品占约60%的总产能，产品同质化，竞争激烈。去产能并不是简单的"做减法"，而是要在"去"的过程中让行业企业变得更具竞争力，实现"凤凰涅槃"。

就在很多煤炭企业度日如年的时候，陕西榆林的一些煤企却供不应求。

"虽然全国煤炭产能过剩，但榆林煤在市场上依然炙手可热。"榆林市能源局局长秦林惠说。

"煤价高的时候，榆林煤卖到每吨750元以上，现在是160—170元。"榆林泰发祥矿业有限公司常务副总经理王艳宏说，"煤价是跌了不少，但我们当地企业还是赚钱的，只是赚得比以前少了。"

在很多煤企都亏损的情况下，榆林煤凭什么赚钱？记者调研了解到，煤质好和机械化开采是主要原因。除此之外，品牌化管理和制定技术标准也是关键因素。自2014年以来，榆林实施"榆林煤"品牌战略，陆续制定出台了《发电煤粉锅炉用榆林煤》《高炉喷吹用榆林煤》《水泥回转用榆林煤》《常压固定床气化榆林煤》等四个地方标准，严把质量关。这些举措加速了榆林煤品牌走出去，也进一步保证了榆林煤的竞争力。在多位业界人士看来，去产能过程中简单地下任务很难达到效果，要提高产品质量、环保等标准，利用技术、法律等综合手段淘汰落后产能，同时还要注重提高技术水平，调整产品结构，增加高附加值产品的比重。

"十三五"开局季，去产能的步伐已然迈出。然而，"瘦身健美"并非一日之功。化解产能过剩，根本手段是市场，做好托底靠政府，成败关键在执行。这是一项十分复杂的工作，要做好打持久战的准备。

二、去库存——要打一场"持久战"

在"去库存"方面，2015年底召开的中央经济工作会议提出，以满足新市民住房需求为主要出发点，以建立购租并举的住房制度为主要方向，把公租房扩大到非户籍人口。要鼓励房地产开发企业顺应市场规律调整营销策略，适当降低商品住房价格。要取消过时的限制性措施。

2015年11月，国家统计局公布的"2015年10月份70个大中城市住宅销售价格变动情况"显示，虽然一线城市楼市依然高温不减，但全国房价整体已出现降温态势，去库存仍将是中国楼市首要任务。

从国家统计局提供的数据来看，10月份房价同比上涨的"军团"再增四城——太原、合肥、南宁和金华，总数达到16个。房价涨幅最高的城市依然是领涨全国11个月的深圳，与去年同期相比上涨40.5%。

虽然以北上广深为代表的全国重点城市房价依然高温不减，但房价涨幅总体呈回落态势。专家认为，经过连续近半年的高速放量，市场疲态已经显现，交易量下滑是必然结果。去年三季度以来，随着一系列利好楼市政策效应的逐步减弱，全国房地产市场已开始出现降温势头。国家统计局数据显示，10月份新建商品住宅与二手住宅价格环比上涨城市个数减少，涨幅回落。全国70个大中城市新建商品住宅和二手住宅价格环比上涨的城市个数分别为27个和38个，分别比上月减少12个和1个；而下降城市个数分别为33个和23个，分别比上月增加12个和5个。专家分析认为，房价涨势回落的主因是成交量率先出现了下滑。2015年1—10月份，全国住宅销售面积同比增长7.9%，增速比1—9月份回落0.3个百分点。非重点城市商品房销售增速回落拖累了全国销售整体下行。

值得注意的是，除了绝大多数三四线城市，目前部分二线城市也存在高库存、去化难的问题。业内人士普遍认为，去库存仍是中国楼市的首要任务。数据显示，在新建商品住宅价格下降的33个城市中，有17个城市连续2个月下滑。这17个城市中，既有三线城市，也有沈阳、长春等省会城市。10月，石家庄、呼和浩特、贵阳、西宁、银川、乌鲁木齐等6个省会城市也加入到降价行列。同策咨询研究部数据显示，10月底，三四线城市去化周期高达28.29个月，远超合理区间，存在较大的降价压力。

国家统计局的数据还显示，截至2015年10月份，我国商品房库存已增至68 632万平方米，一年猛增过亿平方米，再创历史新高，而同期全国房地产开发投资78 801亿元，同比仅名义增长2%，增速比1至9月份回落0.6个百分点。按照国家统计局的数据测算，截至2015年10月，我国商品房待售面积与2014年同期的58 239万平方米相比，一年内增加了1亿多平方米，增幅近18%。这只是竣工后未售出的现房面积，还不包括大量的在建未竣工及未开工的潜在库存。此外，还有各地的小产权房，以及一些没有纳入统计口径的住宅项目，甚至不排除还有部分应报未报的库存量。一旦计入，中国楼市的库存可能倍增。虽然各地先后出台了一系列去库存措施，但三四线及中西部地区城市去库存仍存在一定难度。业内人士认为，楼市去库存既要发挥政策"组合拳"，同时还要因地施策，精准调控；从长远看，还需大力发展地方经济，留住消费人口，以实现房地产业健康均衡发展。

业内人士表示，目前房地产市场供大于求是结构性过剩。笔者在多地采访也发现，虽然整体库存持续走高，但在城市、区域、户型、价格等方面却出现不同程度的分化：三四线城市、一些中西部地区城市、总价高的大户型房子不太好卖，库存居高不下。中西部城市和东部沿海城市之间也存在较大分化。国家统计局数据显示，1 至 10 月，东部地区商品房销售额 39 204 亿元，同比增长 20.7%；中部地区商品房销售额 12 946 亿元，增长 9.5%；西部地区商品房销售额 12 639 亿元，增长 4.6%。

中央财经领导小组第十一次会议提出，化解房地产库存，促进房地产业持续发展。近期决策层在多个场合提及房地产高库存问题，表明去库存已成为当前经济工作重要一环。当期与长期措施结合、供给端与需求端并重、市场工具与政策手段协调，坚定不移去库存，关系到房地产业持续发展的根本。

其实，全国楼市从 2014 年就打响了"去库存之战"。笔者梳理发现，尽管各地出台的行政、财政、货币政策林林总总，但去库存效果差异较大。业内人士分析认为，从全国楼市整体看，前期去库存效果不明显，主要是三四线及中西部地区城市问题突出。这些地区一直以来依赖于土地财政，早先大量卖地，现新房集中上市，库存体量较大，加上经济发展不平衡，楼市投资价值不高，因此一系列去库存政策见效慢，甚至作用很小。对大体量的库存，绝非一个政策能短期见效，而是要放在宏观经济环境下考虑，这是一场"持久战"。

经济专家认为，长远看还是要大力发展地方经济，增加就业，留住消费人口，才能使房地产业健康均衡发展。就当前来说，主要从供需两方面着手。

在供给层面上，专家建议，一二线城市和东部沿海城市要加大土地供应并进行合理调节以避免"地王"频出，让企业有稳定的长远预期。而三四线城市则应该限制土地供应，着重消化存量。三四线及中西部地区城市的消费者主要以改善型为主，需要有品质的产品。地方政府和开发企业应该完善商业和产业配套，提高入住率，避免"新城"沦为"鬼城"。

在需求层面，业内认为可从中期策略和短期策略来着眼。短期，应当为消费者提供更多便利，如继续放宽信贷政策，减免购房税费、增加购房补贴，加快棚户区改造和货币化补贴等。中期来看，新型城镇化要实现 1 亿左右农业转移人口及其他常住人口在城镇落户，因此户籍制度改革或将带动住房消费。

此外，化解房地产库存，促进房地产持续发展，不能片面理解为仅仅为了当期经济增长，更主要的是为推进以人为本的城镇化，促进农民工在城镇定居落户。而促进农民工市民化，形成在城镇买房特别是租房预期，户籍制度改革和住房制度改革成为中长线层面主轴。

《国务院关于进一步推进户籍制度改革的意见》提出，进一步调整户口迁移政策，统一城乡户口登记制度，全面实施居住证制度，加快建设和共享国家人口基础信息库，稳步推进义务教育、就业服务、基本养老、基本医疗卫生、住房保障等城镇基本公共服务覆盖全部常住人口。

作为全国统筹城乡改革试点，为配合户籍制度改革，重庆多年前就率先提出探索由政府保障和市场调节相结合的城市住房供应"双轨制"。重庆通过大规模建设公租房、试点"房产税"，形成"低端有保障、中端有市场、高端有约束"住房制度体系：30% 进城务工人员为代表的低收入群体通过政府提供保障性住房予以解决；60% 中等收入家庭购买中小套型、中低价位商品住房；10% 高收入人群购买高档商品住房，但要征收房产税。这样的"供给侧管理"，使重庆房地产市场价格和成交量基本保持平稳，房地产成为经济稳定器，较好实现了从发动机向稳定器的转换。

清华大学房地产研究所所长刘洪玉认为，从长期趋势看，住房市场已经跨越数量短缺阶段，正从追求数量向追求质量转变，改善型、季节性、第二住房、高舒适度住宅、适老住宅、青年公寓等差异化、特色鲜明需求，将成为市场供给重点。

"去化"任务艰巨，在于市场"分化"加剧。北上广深，面临房价上涨过快压力，二线城市东中西部截然不同，三四线城市库存高企，动不动数年才能消化掉。行政命令"一刀切"，已"切不动"每一细分市场。不仅住宅，商铺、保障性住房都面临供给端管控挑战。由于地方规划商业配建面积过大，商铺泛滥，最近5年，商业营业用房竣工面积达到44亿平方米，相当于城镇人均5.7平方米，加上电商冲击，商业用房销售增长率连续下滑。集中建设保障房，造成同一小区房屋品质差异性，保障房居住人群被贴上标签，出现结构性积盘。城市商业地产再规划，保障房甚至棚户区实行货币化安置，势在必行。

按2015年中央经济工作会议明确要求，化解房地产库存将是今年经济社会发展五大任务之一。与此同时，中央城市工作会议也对此做出有力部署。着眼于供给侧，政策和市场一起发力；落脚于需求端，租房和买房一起激活——以全面深化改革为支撑，全方位"去库存"之战号角已经吹响。

2016年，房地产市场基调是去库存，包含六大措施。从中央经济工作会议到中央城市工作会议，方向之清晰、措施之明确，前所未有：

——要按照加快提高户籍人口城镇化率和深化住房制度改革的要求，通过加快农民工市民化，扩大有效需求，打通供需通道，消化库存，稳定房地产市场。

——要落实户籍制度改革方案，允许农业转移人口等非户籍人口在就业地落户，使他们形成在就业地买房或长期租房的预期和需求。

——要明确深化住房制度改革方向，以满足新市民住房需求为主要出发点，以建立购租并举的住房制度为主要方向，把公租房扩大到非户籍人口。

——要发展住房租赁市场，鼓励自然人和各类机构投资者购买库存商品房，成为租赁市场的房源提供者。鼓励发展以住房租赁为主营业务的专业化企业。

——要鼓励房地产开发企业顺应市场规律调整营销策略，适当降低商品住房价格，促进房地产业兼并重组，提高产业集中度。

——要取消过时的限制性措施。

这些措施，特征是"供求改"齐发力。无论"农民工买房"还是"鼓励降价"，都只能是系统工程的一部分。六大措施是一连串"组合拳"：以供给侧管理扩大总需求，同时推动土地、财税、产业政策改革，以期长远实现房地产市场稳定健康，并在在此过程中谋发展、求转型。

2015 年 12 月 21 日开幕的第十二届全国人大常委会第 18 次会议，主要内容之一就是审议相关决定草案，拟授权国务院在北京大兴等试点暂时调整实施《物权法》《担保法》有关农村土地法律规定。

据中国人民银行副行长潘功胜介绍，根据国务院常务会议通过的草案，拟在北京市大兴区等 232 个试点县市区暂时调整实施《物权法》第一百八十四条、《担保法》第三十七条有关规定，允许以农村承包土地（耕地）的经营权抵押贷款；在天津蓟县等 59 个试点县市区，暂时调整实施《物权法》第一百八十四条《担保法》第三十七条有关规定，允许以农民住房财产权（含宅基地使用权）抵押贷款。

允许非户籍人口在就业地落户，形成买房或长期租房预期和需求。以满足新市民住房需求为主要出发点，建立购租并举的住房制度为主要方向，把公租房扩大到非户籍人口——中央明确的这些要求，被称为"农民工买房"推动去库存。

按照常住人口统计，我国 2014 年城镇化率为 54.8%。按照户籍人口统计，2014 年城镇化率是 35.9%。二者差额就是 2.5 亿左右农民工。按 2013 年中国社科院计算，全国平均农业转移人口市民化的人均公共成本为 13.1 万元。若按照 2.5 亿农民工来计算，政府公共成本需要支出约 32.8 万亿元，财政支出负担大。依法、审慎、稳妥推动农村土地制度改革，盘活农村财产权，长远来看既是全面深化改革所必需，也是"农民工买房"从理论变成现实的前提。

"多买房、少建房"——政府"房产观"也要调整。财政部等部委在 2015 年 5 月提出，鼓励地方运用 PPP（公私合作）模式推进公共租赁住房投资建设和运营管理，这部分公共租赁住房纳入住房保障规划。中央城市工作会议也提出，鼓励机构投资者购买库存商品房，成为租赁市场的房源提供者，在扩大租赁供给的同时，有效推动库存去化。

专家认为，目前政策性适用房主要通过政府划拨土地、减免税费和开发商配建代建政府回购的方式进行。受制于资金和购买规模等问题，政府购买存量商品房筹集政策性住房还未在全国范围推广。预计 2016 年政府收购力度将加大，重点体现在打通商品房市场与棚改安置房、公租房和租赁市场。地产库存增幅逐渐减缓至缓慢去化，房地产业行业集中度提高，居民加杠杆，投资增速或在明年迎来拐点。

三、去杠杆——降低企业负债率

2015 年底召开的中央经济工作会议把"去杠杆"列为今年经济工作五大结构性改革任务之一，强调防范化解金融风险。在转型升级关键时期，去杠杆与经济结构调整相辅相成；在下行压力较大背景下，守好不发生系统性和区域性风险的底线至关重要。

要"去杠杆"，首先要了解什么是"杠杆"或者说"杠杆化"。简单来说，"杠杆化"就是以较少的本金获取高收益。这种模式在金融危机爆发前为不少企业和机构所采用，特别是投资银行，杠杆化的程度一般都很高。

当资本市场向好时，这种模式带来的高收益使人们忽视了高风险的存在，等到资本市场开始走下坡路时，杠杆效应的负面作用开始凸显，风险被迅速放大。对于杠杆使用过度的企业和机构来说，资产价格的上涨可以使它们轻松获得高额收益，而资产价格一旦下跌，亏损则会非常巨大，超过资本，从而迅速导致破产倒闭。

金融危机爆发后，高"杠杆化"的风险开始为更多人所认识，企业和机构纷纷开始考虑"去杠杆化",通过抛售资产等方式降低负债,逐渐把借债还上。这个过程造成了大多数资产价格如股票、债券、房地产的下跌。因此,"去杠杆化"就是一个公司或个人减少使用金融杠杆的过程,是公司或个人把原先通过各种方式(或工具)"借"到的钱退还出去的潮流。

单个公司或机构"去杠杆化"并不会对市场和经济产生多大影响。但是如果整个市场都进入这个进程,大部分机构和投资者都被迫或主动地把过去采用杠杆方法"借"的钱吐出来,其影响显然不一般。在经济繁荣时期,金融市场充满了大量复杂的、杠杆倍数高的投资工具。如果大部分机构和投资者都加入"去杠杆化"的行列,这些投资工具就会被解散,而衍生品市场也面临着萎缩,相关行业受创,随着市场流动性的大幅缩减,将会导致经济衰退。

当前,世界范围内最常见的风险名词就是"债务",就本质而言,债务其实就是对信用的一种过度透支,滥用信用就会造成债务风险,并最终导致债务危机。从资产负债表角度看,经济周期波动往往体现为经济体系杠杆率的调整过程。往往会经历三个阶段的去杠杆化过程:早期衰退、私人部门去杠杆化和公共部门去杠杆化。

在早期衰退阶段,私人部门债务比率攀升至高点,公共部门负债开始出现上升趋势。这个阶段大概要持续1—2年时间;在第二阶段,即私人部门去杠杆化阶段,私人部门现金流增加,经济回暖,但由于推行财政刺激政策,公共部门负债率达到阶段高点。这个阶段持续时间大概为3—4年时间;第三阶段是公共部门去杠杆化阶段。

综合专家意见,在每一个"去杠杆化"的阶段上,中国经济所受的冲击不同。

首先,"金融产品的去杠杆化"对中国影响很小。由于实行资本账户的管制,中国绝大多数的对外金融投资都是以中央银行外汇储备投资的形式进行。这类投资一向稳健保守,基本不会涉足高度杠杆化的金融产品,即使有所损失,也不能与其他类型投资者的损失相提并论。

其次,"金融机构的去杠杆化"和"投资者的去杠杆化"对中国的影响也相对较小。一方面，中国银行业对外开放程度有限，同时外国金融机构在中国市场上的份额和在金融中介中所起的作用都很小；另一方面，由于国际收支长期顺差，中国经济不依赖外部资金。这样，当国际金融机构和投资者去杠杆化时，一般不会对中国产生显著的负面效应。在这一问题上，中国经济目前受到的最严重的影响表现在，国际商业银行在缩减其资产负债表规模的过程中，贸易信贷也受到了波及。

对中国来讲，通俗地说，杠杆率就是债务负债率。当前企业和地方政府的负债率偏高，造成企业负担较重，地方能动性发挥受制。所以，要降低负债率，也就是去杠杆。

长期以来，粗放式发展模式使我国企业和地方政府习惯采用加大投入、扩大投资的办法推动发展。加上资本市场发育不充分，使得企业自有资本金来源不足，主要依赖银行信贷等间接融资，成本偏高。特别是前些年货币信贷环境宽松，企业和地方政府平台大量融资，如今经济增速、企业效益、地方财政下滑，债务负担更加凸显。

债务负担给实体经济带来较大压力。从 2015 年 9 月底我国社会融资存量中，只有 4.3 万亿元为股权类融资，其余为贷款、债券等债务类融资。如果按 6% 的平均利率计算，每年利息高达 7.8 万亿元。

债务负担制约了地方政府促进经济发展的能力。财政部数据显示，2014年末全国地方政府债务余额为 15.4 万亿元，其中九成以上是通过非政府债券方式举借，平均利息成本在 10% 左右，每年利息支出就得上万亿元。

同时，去杠杆的过程，其实也是淘汰落后产能、重塑经济发展动力的结构调整的过程。这样才能为中国经济进入新一轮周期创造条件。

去杠杆，一方面要大力发展直接融资，拓宽企业融资渠道；另一方面要降低地方政府债务，壮大 PPP 等新机制。

发展直接融资特别是股权融资，已经成为"去杠杆"的当务之急。中央经济工作会议明确提出，尽快形成融资功能完备、基础制度扎实、市场监管有效、投资者合法权益得到充分保护的股票市场。2015 年 12 月 23 日召开的国务院常务会议已经作出具体部署，完善股票、债券等多层次资本市场。建立上海证券交易所战略新兴板。增加全国中小企业股份转让系统挂牌公司数量。同时丰富直接融资工具，积极发展项目收益债及可转换债券、永续票据等股债结合产品等。

专家指出，大力发展股权类融资，为企业提供更多资本金，有助于降低杠杆率。推动债券市场发展，也能帮助企业控制负债成本。降低杠杆率还要结合淘汰落后产能和环保执法，加速钢铁、水泥等严重过剩产能的出清。

在降低地方政府债务负担方面，债务置换正稳步展开。中央经济工作会议要求，有效化解地方政府债务风险，做好地方政府存量债务置换工作。把期限短、利率高的债务，置换成期限长、低成本的债务，有利于分散还本付息，缓解地方压力。

财政部副部长张少春指出，2015 年财政部向地方下达置换债券额度 3.2 万亿元，实现了对当年到期债务的全覆盖；被置换的存量债务成本从平均 10% 降至 3.5% 左右，预计将为地方每年节省利息 2000 亿元。截至 12 月 11 日，已完成当年 99% 的发行置换工作。

债务置换化解当前地方债务存量问题，而地方建设资金的长期募集需要依托新的机制。一方面中央和地方的财政关系要理顺，另一方面要大力发展 PPP，吸引社会资金搞基础设施和基本公共服务建设。

此外，当前经济增速下行，企业经营遇到困难，金融风险抬头。必须正视问题，及早化解。中央经济工作会议强调，坚决守住不发生系统性和区域性风险的底线。从程度看，中国金融风险可控，金融体系总体稳健，国家财力后盾坚强，不必恐慌。但从风险点上看，金融风险点不少，而且有新的情况，要高度重视，密切监测，逐步化解，严防产生传染和联动。

金融混业经营的迅速发展，使得风险的传染性增强。当前金融市场出现了很多新情况，然而建立在分业经营基础上的金融监管体系存在很多空白点，下一步金融监管体制改革的任务繁重。

一些非法集资行为，正在以"互联网金融创新"的外衣招摇撞骗。任其发展下去，不仅会让部分群众的财产遭受严重损失，也会影响金融稳定乃至社会稳定。中央经济工作会议明确提出，坚决遏制非法集资蔓延势头，加强风险监测预警，妥善处理风险案件。

此外，随着美联储 2015 年年底启动加息，部分流入新兴国家的资金回流美国，全球金融体系的稳定面临新考验，主要国家之间宏观政策的协调难度加大。置身全球经济体化中的中国，必须积极应对全球金融的新变化。

四、降成本——着力做好"简政、减税、降费"

在"降成本"方面，中央经济工作会议明确了要开展降低实体经济企业成本行动，打出"组合拳"。要降低制度性交易成本，转变政府职能、简政放权，进一步清理规范中介服务。要降低企业税费负担，进一步正税清费，清理各种不合理收费，营造公平的税负环境，研究降低制造业增值税税率。要降低社会保险费，研究精简归并"五险一金"。要降低企业财务成本，金融部门要创造利率正常化的政策环境，为实体经济让利。要降低电力价格，推进电价市场化改革，完善煤电价格联动机制。要降低物流成本，推进流通体制改革。

一句话，降成本就是要做到"简政、减税、降费"等一系列制度性改革和安排，为企业发展切实降低成本、卸下包袱。

企业是供给侧的主体，他们的税费负担到底有多重？面对企业"降成本"的迫切需求，笔者从调研情况看，"成本"负担之于大多数企业仍较为沉重。如果把企业抽象为一个具体的人，那他看起来就像一个"臃肿"且"体虚"的胖子。一方面，他自身重量（成本）大、负担过重；另一方面，他基础代谢率（利润）低，气色不佳，呈现"虚胖"之态。

根据一项针对 500 家企业的调查问卷统计显示，有 59.7% 的企业表示当前利润较低，有 13.3% 的企业已经出现亏损，有 65.2% 企业表示当前销售一般、订单不足。其中"用工成本上升快""融资难""原材料上升快""税费偏高""社保负担重"分别位居企业"困难榜"前五位。

企业到底有多"臃肿"?一位直辖市经济主管部门负责人说:过去十年,我国劳动力成本增长远高于 GDP 和企业利润增长,"五险一金"甚至比一些欧洲国家还高,很多企业承受不起。另一位二线城市主管工业的负责人表示,中国企业的综合税费负担占整个运营成本的 40%,县一级可能更高。任何一个小变动都可能成为压死企业的"最后一根稻草"。万博经济研究院院长滕泰比较了中美两国的制造业融资成本后发现,目前国内最便宜的借款成本约为年利率 6%,仍是美国的 2.4 倍。

成本是一个复杂的概念,有的可计量,有的不可计量。简单理解,收入与利润之间的差额便是成本。对企业来说,收入、利润的减少,或两者同时减少,都会造成"成本"增加。换句话说,收入和利润水平,可以从侧面映射成本的高低。笔者梳理了国家统计局近 20 年有关工业企业的收入与利润水平发现:1998 年国企改革以来,工业企业主营业务收入与利润总额一共出现了三次较大的周期性下滑,分别是 1998 年国企改革时期、2008 年金融危机时期以及目前的经济转型升级期。相较之下,现阶段的企业经营情况,较金融危机时期有所"恶化",但好于 20 世纪 90 年代末。

从利润总额上看,2011 年工业企业利润总额累计同比增长 25%,2015 年同比下降至 -2%,同比增速出现负增长,工业企业整体营利能力不断下降;从收入总额上看,2011 年工业企业收入总额累计同比增长 27%,2015 年同比下降至 1%,同比增速也出现较大幅度下滑。企业经营每况愈下,收入利润出现"双负",企业"体虚"愈发明显。有专家表示,国际金融危机之后,中国传统的制造业、出口优势在不断弱化,随着土地成本升高,劳动力工资增加了 3—5 倍,以及税费不断加码,企业不甚重负,尤其是没有创新能力的企业已面临全面萧条。

不仅如此,已经"虚胖"的企业还承受着诸多"隐形成本"。这些"看不见"的"成本"像是捆住企业的"绳索",不仅抑制、束缚了企业创新升级、提供有效供给,在一定程度上还可能影响供给侧结构性改革的步伐。

除了这些看得见、看不见的成本负担，还有一种更深层次的"心理成本"让企业感到迷茫、悲观。出于对经济预期以及改革前景的"不确定性"，不少企业表现出一种"有钱、有市场"却不知怎么投资的困惑与"饥饿感"。

——不缺资金缺投向。"现在整个中国不是缺钱的问题，而是资本不知道去哪里找好项目。"财政部财政科学研究所所长刘尚希说。一位投资人表示，国家经济发展和人的健康非常相似。"人人都知道肥胖不好，但没几个人能下定决心去减肥。这跟我们搞投资很像，尽管大家都知道应该加大在教育、科技方面的投资，却还是偏爱能挣快钱的房地产。"

——不缺市场缺信心。"企业界最担心的还是营利能力下降。"苏宁云商副董事长孙为民说，"经济增速放缓一点大家还不太担心，更担心的是看不到新的经济增长点。现在除了个别新兴行业信心满满，其他很多制造领域投资还是没有着力点，缺乏利润增长预期。"

供给侧改革需要企业家有信心。不论是政府如何抓降成本、营造环境，最后还是回归到企业。过去需求侧管理为什么效果不明显，就是因为企业家信心还不足。供给侧管理不是简单依靠政策刺激就能解决的问题，关键在于引导企业家的预期。

减税是供给侧改革的重要内容之一。要释放经济发展活力，需要为企业减负轻装上阵。此外，还要更大力度清理收费。

2015 年，全国一般公共预算收入 152 217 亿元，比上一年增长 8.4%，同口径增长 5.8%，低于年初增长 7.3% 的预期，也创下 1988 年以来财政收入最低增速。其中，全国税收收入 124 892 亿元，同比增长 4.8%，比上一年下降 3 个百分点。受 PPI 连续 44 个月负增长等因素影响，第一大税种增值税扣除营改增转移收入影响后出现 0.5% 的负增长。

经济下行压力持续较大，财政收入增速"跳水"幅度也随之扩大。东中西部地区财政收入全面吃紧，税收收入形势尤为严峻，财政收支压力凸显。如按照年初预算草案同口径核算，东北三省以及山西财政收入全年负增长，山西省收入增速从 2011 年的 25.14% 一路下跌至负增长，西部如贵州省一般公共预算收入仅增长 10%，远低于"十二五"时期全省年均 23% 的增幅，东部山东省财政运行相对稳健，但产业结构偏重的滕州、济宁等市受冲击较大。

专家认为，我国推进供给侧改革，不能盲目照搬美国供给学派的减税政策，而要考虑到中国实际，更多在推动税收公平上做文章。对美国减税政策不能"照葫芦画瓢"。美国税制结构以直接税为主，供给学派主张的减税主要强调降低个人所得税，最高税率从 50% 以上降到了 28%，从原来最高 7 档调到 3 档，因此能有效激发人的创新创业动力。而我国税制结构以流转税为主，除了营改增以外，减税空间并不大，减税实施效果也有限。企业普遍反映当前税费负担依然很重，尤其各种名目的地方性规费以及税收征管中的不规范行为，进一步加重了企业负担。因此，当前要算宏观经济社会发展的大账，从完善市场环境入手，下一盘减税清费、改革并举的综合大棋。

第一，针对小微企业和新兴产业继续减税涵养税源。重点支持企业技术改造和创新投资，扶持金融业、服务业等第三产业。目前北上广深津等地第三产业税收已超过当地财政收入的 50%，反映转变经济增长方式带来的积极变化。

第二，推进结构性减税而非全面减税。应对经济下行的减税之路还要走下去，但要结合我国国情继续推进结构性减税，合理把握减税节奏和力度。有经济学家测算，如果增值税从 17% 降到 12%，公司利润将增加 2 个百分点。

第三，继续挖掘存量税源，提高税收征管能力。对税收应收尽收，但绝不征收过头税。要运用"互联网 +"思维建立第三方信息的提供制度，就需要多个管理部门协作提供，并用法律保障税务部门可与各部门共享信息。

第四，全面清理收费迎来"关键窗口期"。财政减收之时，是全面规范收费、政府性基金管理难得的"时间窗口"。当前对提供普遍性公共服务的行政性收费可以考虑逐步取消，同时继续清理"红顶中介"收费，推进使用者付费项目改革。

"十三五"开局首季，供给侧结构性改革频频发力。中国也大力推进营业税改征增值税等减税清费政策，激活经济肌体的每一个细胞。用政府收入的

"减法"，换取企业效益的"加法"，最终算出市场活力的"乘法"，税收杠杆正在撬动中国经济强大的内生动力。

2016年前两个月，全国财政收入增长6.3%，税收收入增长6.7%，与当前经济运行趋稳向好的态势基本吻合。但是，中央一般公共预算收入却仅增长1.6%。

自2012年我国正式启动营改增试点，平均每年的减税规模上千亿元。2016年，这项改革即将全面推进，涉及1000万户纳税人，而由于增值税的链条机制，几乎每一个企业都会感受到。据了解，在前四年的试点中，营改增累计减税6000多亿元，2016年全面推进，一年的减税规模将超过5000亿元，规模之大前所未有，且政府一再承诺"所有行业税负只减不增"。

国务院总理李克强4月13日主持召开国务院常务会议，决定阶段性降低企业社保缴费费率和住房公积金缴存比例，为市场主体减负、增加职工现金收入。

为减轻企业负担，增强企业活力，促进增加就业和职工现金收入，会议决定，在去年已适当降低失业、工伤和生育三项社保费率基础上，从2016年5月1日起两年内，一是对企业职工基本养老保险单位缴费比例超过20%的省份，将缴费比例降至20%；单位缴费比例为20%且2015年底基金累计结余可支付月数超过9个月的省份，可以阶段性降低至19%。二是将失业保险总费率由现行的2%阶段性降至1%—1.5%，其中个人费率不超过0.5%。上述两项措施的具体方案由各省（区、市）确定。三是规范住房公积金缴存比例，对高于12%的一律予以规范调整，同时由各省（区、市）结合实际，阶段性适当降低住房公积金缴存比例；生产经营困难企业除可降低缴存比例外，还可依法申请缓缴公积金，待效益好转后再提高缴存比例或恢复缴存并补缴缓缴的公积金。初步测算，采取以上措施每年可减轻企业负担1000多亿元。

业内人士认为，这三大举措是推进供给侧改革、降低企业负担的又一有力"实招"。降成本，是今年供给侧改革的一大重点任务。今年以来，国家接连采取一系列措施有效降低企业负担，这无疑有利于企业轻装上阵，提高生产效率。

人力资源和社会保障部社会保障研究所所长金维刚认为，本次降低养老保险费率的幅度虽然不大，但意义深远：在国家层面上长期不变的养老保险费率终于开始"松动"，这表明以后养老保险费率可以根据经济形势和基金收支状况进行适时适当地调整，有利于建立合理的养老保险费率调整机制。此外，本次费率调整体现务实的精神。养老保险费率关系到养老保险基金的长期收支平衡，降低费率并不是降得越多越好，而是既要保证当期发放，又要考虑未来的可持续发展。在目前一些统筹地区职工养老保险基金收支失衡、人口老龄化的压力不断增大、老年抚养比逐步上升的情况下，现在还不具备条件大幅度降低养老保险费率。

专家强调，要进一步降低养老保险费率，还需要创造更多的条件，譬如划拨国有资本充实城镇职工基本养老保险基金；实行城镇职工基础养老金全国统筹，通过提高统筹层次增强基金的调剂功能；加快推进基本养老保险基金投资运营，实现保值增值；适当调整退休年龄政策等。

中国社科院城市与竞争力研究中心主任倪鹏飞认为，目前五险一金确实是企业成本的重要构成部分，是企业感觉压力较大的成本因素，也是企业降成本中政府可作为的部分。一定程度的降低和缓交这些险金，有助于企业减少负担，摆脱困境，轻装上阵。

一系列给企业减税、降费、去成本行动，中小企业、服务业等活力很强的企业、行业受益最大。据税务部门统计，2013 年底，现代服务业试点企业217 万户，到 2015 年底增加到 510 万户，2016 年现代服务业还在继续加速跑。会计审计学家表示，通过全面推开营改增等改革举措可以为企业减负松绑，放水养鱼，为促进大众创业、万众创新营造更加宽松环境，在培育新动能中涵养宝贵税源，用短期财政收入的"减"换取持续发展势能的"加"。

企业减税、降成本究竟会带来什么？可能是一家餐饮企业降低了价格；可能是一家软件企业增加了研发投入；可能是一家工厂扩大生产增加了就业……

税收是牵一发而动全身的杠杆，从营改增的推进来看，因为增值税的链条机制，可以将减税的效果传递、放大、叠加，因为与供给侧结构性改革的内涵高度契合，其所带来的也是乘数的效应。

当然，营改增不仅是给企业降低了外在的税收负担，也在客观上推进企业经营、管理模式的内在变化。专家表示，新经济、新业态中相当大一部分来自服务业，且这些企业和行业与民生紧密相连，营改增恰恰是推动了服务业的发展、促进了行业间的细分，可以说，企业去成本的一系列举措加速了服务业的内生裂变。

五、补短板——关键在"三农"

在"补短板"上，中央经济工作会议强调，扩大有效供给。要打好脱贫攻坚战，坚持精准扶贫、精准脱贫，瞄准建档立卡贫困人口，加大资金、政策、工作等投入力度，真抓实干，提高扶贫质量。要支持企业技术改造和设备更新，降低企业债务负担，创新金融支持方式，提高企业技术改造投资能力。培育发展新产业，加快技术、产品、业态等创新。要补齐软硬基础设施短板，提高投资有效性和精准性，推动形成市场化、可持续的投入机制和运营机制。要加大投资于人的力度，使劳动者更好适应变化了的市场环境。要继续抓好农业生产，保障农产品有效供给，保障口粮安全，保障农民收入稳定增长，加强农业现代化基础建设，落实藏粮于地、藏粮于技战略，把资金和政策重点用在保护和提高农业综合生产能力以及农产品质量、效益上。此外，要加快养老保险制度改革，完善个人账户，坚持精算平衡，提高统筹层次。要加快医药卫生体制改革，在保基本、强基层的基础上，着力建立新的体制机制，解决好群众看病难看病贵问题。

专家指出，"补短板"被列为五大任务之一，凸显当前供给侧结构性改革之要义，补齐短板，中国经济或将获得更高水平的跃升。

"短板"一说，源于管理学中的木桶理论：一个木桶能装多少水，取决于最短的那块板子。补上短板，意味着中国经济将实现更具前景的跃升，获得更可持续的发展。

改革开放 30 多年来，中国经济虽然实现了世所罕见的伟大成就，但不可否认，在经济巨轮快速前行的过程中，某些发展中的短板问题逐渐暴露，这些短板日益明显地制约着中国经济的进一步发展。毋庸置疑，今天的中国，虽是人口大国但还不是人力资源强国，是制造业大国但难说就是创新强国，在某些科技前沿领域，与美、欧、日等发达经济体相比仍存在不小差距。就全国而言，基础设施薄弱的短板仍然明显，而作为基础产业的农业，其现代化水平尽管取得长足进步，但与发达国家相比，依旧是"望其项背"。短板不补，经济的可持续发展就是一句空话；短板补齐，中国经济就会迎来更为广阔的前行空间。

如何补齐短板，中央经济工作会议开出了"药方"：通过打好脱贫攻坚战、支持企业技术改造和设备更新、培育发展新产业、补齐软硬基础设施短板、加大投资于人的力度、继续抓好农业生产等方面扩大有效供给。

一言以蔽之，就是要靠供给侧的改善补上短板。中国经济增速放缓的原因之一，是供给侧越来越不适应市场需求变化，这就需要推进供给侧改革，来使其更有效地应对市场需求。有专家表示，有效供给是指与消费需求和消费能力相适应的供给。目前我国的供给存在着与消费不相匹配的情况，低水平供给重复，高水平供给不足，导致产能过剩严重。下一步在适度扩大总需求的同时，应着眼于提高供给的质量和效益。

"小康不小康，关键看老乡。"农业和农村问题，因其特殊的战略地位，被视为国民经济中"短板中的短板"。在这次会议中，农业发展问题更是被重点提及。

中央经济工作会议提出，要继续抓好农业生产，保障农产品有效供给，保障口粮安全，保障农民收入稳定增长，加强农业现代化基础建设，落实藏粮于地、藏粮于技战略，把资金和政策重点用在保护和提高农业综合生产能力以及农产品质量、效益上。

农业的短板问题同样凸显在供给上：一方面，我国农产品中低端供给较为充足，另一方面放心安全的农产品供给又明显不足。会议从农业供给侧角度出发，为破解我国农业发展中的矛盾与挑战开对了"药方"。

在中央经济工作会议闭幕后第三天召开的中央农村工作会议，更是进一步强调了农业供给端问题。会议提出要着力加强农业供给侧结构性改革，提高农业供给体系质量和效率，使农产品供给数量充足、品种和质量契合消费者需要，真正形成结构合理、保障有力的农产品有效供给。

会议强调："小康不小康，关键看老乡。"一定要看到，农业还是"四化同步"的短腿，农村还是全面建成小康社会的短板。中国要强，农业必须强；中国要美，农村必须美；中国要富，农民必须富。农业基础稳固，农村和谐稳定，农民安居乐业，整个大局就有保障，各项工作都会比较主动。我们必须坚持把解决好"三农"问题作为全党工作重中之重，坚持工业反哺农业、城市支持农村和多予少取放活方针，不断加大强农惠农富农政策力度，始终把"三农"工作牢牢抓住、紧紧抓好。

关于确保我国粮食安全，会议指出，我国是个人口众多的大国，解决好吃饭问题始终是治国理政的头等大事。要坚持以我为主、立足国内、确保产能、适度进口、科技支撑的国家粮食安全战略。中国人的饭碗任何时候都要牢牢端在自己手上。我们的饭碗应该主要装中国粮，一个国家只有立足粮食基本自给，才能掌握粮食安全主动权，进而才能掌控经济社会发展这个大局。要进一步明确粮食安全的工作重点，合理配置资源，集中力量首先把最基本最重要的保住，确保谷物基本自给、口粮绝对安全。耕地红线要严防死守，18亿亩耕地红线仍然必须坚守，同时现有耕地面积必须保持基本稳定。调动和保护好"两个积极性"，要让农民种粮有利可图、让主产区抓粮有积极性，要探索形成农业补贴同粮食生产挂钩机制，让多生产粮食者多得补贴，把有限资金真正用在刀刃上。搞好粮食储备调节，调动市场主体收储粮食的积极性，有效利用社会仓储设施进行储粮。中央和地方要共同负责，中央承担首要责任，各级地方政府要树立大局意识，增加粮食生产投入，自觉承担维护国家粮食安全责任。善于用好两个市场、两种资源，适当增加进口和加快农业走出去步伐，把握好进口规模和节奏。高度重视节约粮食，节约粮食要从娃娃抓起，从餐桌抓起，让节约粮食在全社会蔚然成风。

关于坚持和完善农村基本经营制度，会议指出，坚持党的农村政策，首要的就是坚持农村基本经营制度。坚持农村土地农民集体所有，这是坚持农村基本经营制度的"魂"。坚持家庭经营基础性地位，农村集体土地应该由作为集体经济组织成员的农民家庭承包，其他任何主体都不能取代农民家庭的土地承包地位，不论承包经营权如何流转，集体土地承包权都属于农民家庭。坚持稳定土地承包关系，依法保障农民对承包地占有、使用、收益、流转及承包经营权抵押、担保权利。土地承包经营权主体同经营权主体发生分离，这是我国农业生产关系变化的新趋势，对完善农村基本经营制度提出了新的要求，要不断探索农村土地集体所有制的有效实现形式，落实集体所有权、稳定农户承包权、放活土地经营权，加快构建以农户家庭经营为基础、合作与联合为纽带、社会化服务为支撑的立体式复合型现代农业经营体系。土地经营权流转、集中、规模经营，要与城镇化进程和农村劳动力转移规模相适应，与农业科技进步和生产手段改进程度相适应，与农业社会化服务水平提高相适应。要加强土地经营权流转管理和服务，推动土地经营权等农村产权流转交易公开、公正、规范运行。

关于农产品质量和食品安全，会议强调，能不能在食品安全上给老百姓一个满意的交代，是对我们执政能力的重大考验。食品安全源头在农产品，基础在农业，必须正本清源，首先把农产品质量抓好。要把农产品质量安全作为转变农业发展方式、加快现代农业建设的关键环节，用最严谨的标准、最严格的监管、最严厉的处罚、最严肃的问责，确保广大人民群众"舌尖上的安全"。食品安全，首先是"产"出来的，要把住生产环境安全关，治地治水，净化农产品产地环境，切断污染物进入农田的链条，对受污染严重的耕地、水等，要划定食用农产品生产禁止区域，进行集中修复，控肥、控药、控添加剂，严格管制乱用、滥用农业投入品。食品安全，也是"管"出来的，要形成覆盖从田间到餐桌全过程的监管制度，建立更为严格的食品安全监管责任制和责任追究制度，使权力和责任紧密挂钩，抓紧建立健全农产品质量和食品安全追溯体系，尽快建立全国统一的农产品和食品安全信息追溯平台，严厉打击食品安全犯罪，要下猛药、出重拳、绝不姑息，充分发挥群众监督、舆论监督的重要作用。要大力培育食品品牌，用品牌保证人们对产品质量的信心。

关于"谁来种地"，会议指出，解决好这个问题对我国农业农村发展和整个经济社会发展影响深远。核心是要解决好人的问题，通过富裕农民、提高农民、扶持农民，让农业经营有效益，让农业成为有奔头的产业，让农民成为体面的职业，让农村成为安居乐业的美丽家园。要提高种地集约经营、规模经营、社会化服务水平，增加农民务农收入，鼓励发展、大力扶持家庭农场、专业大户、农民合作社、产业化龙头企业等新型主体。要提高农民素质，培养造就新型农民队伍，把培养青年农民纳入国家实用人才培养计划，确保农业后继有人。要强化政府对农业的支持保护，创造良好务农条件和环境，要加大农业投入力度，建立适合农业农村特点的金融体系，制定大中专院校特别是农业院校毕业生到农村经营农业的政策措施。要把加快培育新型农业经营主体作为一项重大战略，以吸引年轻人务农、培育职业农民为重点，建立专门政策机制，构建职业农民队伍，为农业现代化建设和农业持续健康发展提供坚实人力基础和保障。与此同时，也要继续重视普通农户的生产发展。

关于加强农村社会管理，会议指出，要以保障和改善农村民生为优先方向，树立系统治理、依法治理、综合治理、源头治理理念，确保广大农民安居乐业、农村社会安定有序。农村是我国传统文明的发源地，乡土文化的根不能断，农村不能成为荒芜的农村、留守的农村、记忆中的故园。要重视农村"三留守"问题，搞好农村民生保障和改善工作，健全农村留守儿童、留守妇女、留守老年人关爱服务体系，坚持不懈推进扶贫开发，实行精准扶贫。要重视空心村问题，推进农村人居环境整治，继续推进社会主义新农村建设，为农民建设幸福家园和美丽乡村。要重视化解农村社会矛盾，确保农村社会稳定有序，及时反映和协调农民各方面利益诉求，处理好政府和群众利益关系，从源头上预防减少社会矛盾。要重视农村基层党组织建设，加快完善乡村治理机制，扩大农村党组织和党的工作覆盖面，加大培养青年党员力度，提高基层党组织为群众服务意识，夯实党在农村的执政基础。完善农村基层干部选拔任用制度，扩大农村基层民主、保证农民直接行使民主权利。

会议指出，要加快推进农业现代化，以保障国家粮食安全和促进农民增收为核心，立足我国基本国情农情，遵循现代化规律，依靠科技支撑和创新驱动，提高土地产出率、资源利用率、劳动生产率，努力走出一条生产技术先进、经营规模适度、市场竞争力强、生态环境可持续的中国特色新型农业现代化道路。加快转变政府职能，积极推进涉农行政管理方式创新。处理好政府和市场的关系，继续破除一切束缚农民手脚的不合理限制和歧视，增强农业农村发展的内生动力；处理好政府和农民的关系，切实维护农民权益，坚持因地制宜、试点先行，尊重农民和基层首创精神；处理好中央和地方的关系，中央把方向、管大局、抓重点，地方按照中央"三农"决策部署解决好农业农村发展的实际问题。要积极稳妥扎实推进城镇化，到2020年，要解决约1亿进城常住的农业转移人口落户城镇、约1亿人口的城镇棚户区和城中村改造、约1亿人口在中西部地区的城镇化，推动新型城镇化要与农业现代化相辅相成，突出特色推进新农村建设，努力让广大农民群众过上更好的日子。

六、做好新旧动能轮换

今年的《政府工作报告》指出：经济发展必然会有新旧动能迭代更替的过程，当传统动能由强变弱时，需要新动能异军突起和传统动能转型，形成新的"双引擎"，才能推动经济持续增长、跃上新台阶。当前我国发展正处于这样一个关键时期，必须培育壮大新动能，加快发展新经济。

如何认识"新经济"，"新经济"在推进结构性改革过程中又将发挥怎样的作用？

"新经济"一般指在经济全球背景下，由信息技术革命带动的、以高新技术产业为龙头的经济，包括移动互联网、先进制造业、新能源等重要内容。广义上讲，"新经济"可以看作中国经济内在转型升级的外化表现，是中国经济新常态的一个体现。

李克强总理在《政府工作报告》中提到，要推动新技术、新产业、新业态加快成长，以体制机制创新促进分享经济发展，建设共享平台，做大高技术产业、现代服务业等新兴产业集群，打造动力强劲的新引擎。运用信息网络等现代技术，推动生产、管理和营销模式变革，重塑产业链、供应链、价值链，改造提升传统动能，使之焕发新的生机与活力。

国家统计局数据显示，2013 年至 2015 年，我国高技术产业增加值年均增长 11.4%，增速高于全部规模以上工业 3.4 个百分点；主营业务收入和利润总额年均分别增长 9.9% 和 14.4%，增速分别高出全部规模以上工业 3.6 和 10.2 个百分点；2015 年，我国新能源汽车产量比上年增长 161.2%，工业机器人增长 21.7%，智能电视增长 14.9%，智能手机增长 11.3%，新型、智能化、自动化设备和高端信息电子产品成为新增长点。

2016 年元旦刚过，国务院总理李克强在山西省太原市考察。

太原钢铁集团是全球最大的不锈钢生产企业。李克强来到这里，详细了解企业生产经营、产品结构调整、用工和效益等情况。

李克强说，受产能过剩和需求收缩影响，钢铁行业形势十分严峻，当前要把去产能、促升级作为紧迫任务，痛下决心进行结构调整，既治标又治本，既要采取多种方式出清落后产能，禁上新增产能项目，又要转变只在传统产业上做文章的观念，积极培育新产业、新业态等新动能。企业要发扬千锤百炼不怕难的精神，坚持做强主业，适应市场需求多元发展，深挖潜力，在技术、质量、管理上下功夫，以更多的优质产品扩大有效供给，在提质增效中重振雄风。

清华科技园太原分园聚集了 200 多家高新技术和众创小企业。李克强走进三合盛节能技术服务公司，了解他们的技术创新点和市场应用情况。在众创空间，李克强说，中国市场潜力巨大、预期向好，新的发展动能可以有效带动扩大就业，为传统动能改造提升创造良好条件，其源泉正是来自于创新驱动，来自于大众创业万众创新的蓬勃开展。政府要提供更有效的支持和便捷服务，不断释放亿万群众创业创新的智慧和激情。

今年的《政府工作报告》，首次明确提出了"新经济"，而新经济的提出，是对我国经济"新常态"下经济如何增长的一个高度描述，我国"十三五"经济增长的重要目标，就是初步甚至基本形成新经济的格局，有效破解当前经济增长中面临的动力不足、结构失衡等深层次矛盾与问题。匡贤明表示，李克强总理提出的新经济，其含义主要包括以下几方面内容：

第一，新的增长动力。要从以投资为主导的增长动力向以消费为主导的增长动力的转变，发挥消费对投资的引导作用，使投资成为有效动力；第二，新的动力机制。从以政府为主导的增长机制向以市场为主导的增长机制的转变，使经济增长建立在市场决定的基础上，更好地发挥政府作用，也包括更加强调创新、技术对经济增长的作用；第三，新的经济结构。从以工业为主向以服务业为主的转变，服务业成为主导产业，形成"一体两翼"，三次产业协同发展的新格局；第四，更加共享的分配机制。从更加注重经济总量向更加注重全民福祉，经济增长的最终目标是改善和增进全民福祉，比如，经济增长的就业吸纳能力明显增强，更加强调共同富裕。

整个"十二五"时期，我国经济结构转型成效显著。服务业成为第一大产业，工业化与信息化融合加深，农业综合生产能力明显增强。消费成为支撑经济增长的主要力量。超过一半人口居住在城镇。单位国内生产总值能耗下降18.2%，主要污染物排放量减少12%以上。今年2月份新经济占整体经济的规模已达到31.8%。新旧动力力量对比已接近平衡，而且正在发生着明显的此消彼长的变化。

随着"新动能"的不断壮大和"新经济"的持续发展，中国经济的转型之路将更趋多元化。万得（Wind）资讯的研究数据表明，2015年前三季度净利润增长最快的行业主要为新经济板块，其中突出的分别是非银行金融

（78.08%）、传媒（24.69%）、医药生物（18.48）、休闲服务（17.04%）、通信（13.46%）、计算机（12.26%）和电器设备（7.00%）等。据国家统计局数据，2015年11月份，高新技术产业增加值同比增长10.3%，增速高出规模以上工业4.1个百分点，高技术服务业和制造业实际使用外资同比分别增长51.7%和11.7%。

今年的《政府工作报告》又进一步提出，要启动一批新的国家重大科技项目，建设一批高水平的国家科学中心和技术创新中心，培育壮大一批有国际竞争力的创新型领军企业。持续推动大众创业、万众创新。促进大数据、云计算、物联网广泛应用。加快建设质量强国、制造强国。可以说，随着我国创新驱动发展战略的深入推进实施，未来"新经济"将显著改变中国经济的增长构成，为结构调整注入新的活力。

近年来，一大批与全球基本同步"伴行"的新技术、新产品在我国不断涌现，形成巨大的新供给潜力。但面对供给特点的深刻变化，一些部门和地方仍未摆脱对传统供给管理模式的路径依赖，重产能扩张、补贴扶持，轻产业生态营造、市场环境完善，导致一些新供给难以快速激活。

随着科研领域持续突破和一批龙头企业创新引领，近两年来，我国新技术和新产品供给出现一些可喜变化，尤其部分战略性新兴产业领域的新供给，开始从长期以来的追赶式、模仿型，迈向全新阶段。

依托关键技术突破，如我国石墨烯材料近年迅速从实验室迈向大规模量产。

电动车、智能汽车正在全球加快兴起，我国部分企业抢先布局。比亚迪汽车公司2015年夺得全球新能源汽车销量冠军。百度公司则瞄准谷歌等跨国巨头，同步实施无人驾驶汽车项目。百度公司研究中心高级研究员王强说，预计三年初步商用、五年产业化。

生物科技、医疗器械等领域，一批引领型技术和产品开始涌现。重庆海扶医疗科技、西山科技等企业，先后推出原创型"高强度聚焦超声肿瘤治疗系统"、微创手术动力装置，并击败跨国巨头，跻身全球市场。

与此同时,在智能手机、新型显示等电子领域,在无人机、虚拟现实等智能装备领域,在风电、光伏新能源等领域,一批与发达国家基本同步甚至稍显领先的技术产品,相继涌现。

这类新供给与传统供给相比,显现出一系列新特点:一是从追赶、模仿走向"伴行"甚至引领,一些领域开始摆脱对发达国家的技术依赖,不再简单复制、模仿,而是顺应全球科技和产业革命浪潮,实现原创和同步转化;二是新技术新产品开发布局不再局限于国内市场,而是向全球拓展、布局的态势显现;三是作为与全球同步的新供给,其技术演化、市场发展不确定性和风险性大大增加,要求市场机制更加顺畅高效,产业生态更加优质完善,产业政策更加精准灵活。

面对供给结构迈入新阶段,新兴领域供给特点深刻变化,一些部门和地方的供给管理理念,却依然停留在追赶式、模仿型的旧阶段,习惯运用发展传统产业、传统供给的理念和手段,导致不少新供给难以有效激发。

——重产能扩长,轻产业生态营造。不同于传统供给的技术、产业链和发展模式比较成熟,只要投资形成产能,就能快速释放,一些新供给产业链条尚未完善,应用开发仍待拓展,但一些地方往往只抓制造环节,大干快上。

——重补贴扶持,轻市场环境完善。不少地方助推新兴产业,仍然主要靠补贴,但对新兴领域新供给而言,完善市场环境、破除供需障碍更为关键。只有形成供需畅通、市场回馈的正向循环,新供给才会有活力、可持续。重补贴轻市场环境,还使一些领域的新供给出现市场失灵风险。一位大型机床企业负责人说,近年经济下行,整个机床行业日子不好过,但个别民营机床企业抓住政府补贴漏洞,从国外买机床把标牌扒下来向国家交差,能从国家拿到研发资金2亿元,每年还从地方获取资金上千万元。

针对新供给培育发展的困境,市场主体和专家认为,政府应主动适应新阶段新供给的新特点,更新供给管理理念,重点从畅通市场机制、完善产业生态、精准产业政策等角度,加快构建新供给支撑体系,助推新动能接续涌现。不少创新型企业认为,随着全球技术和产业加速变革,新技术、新产

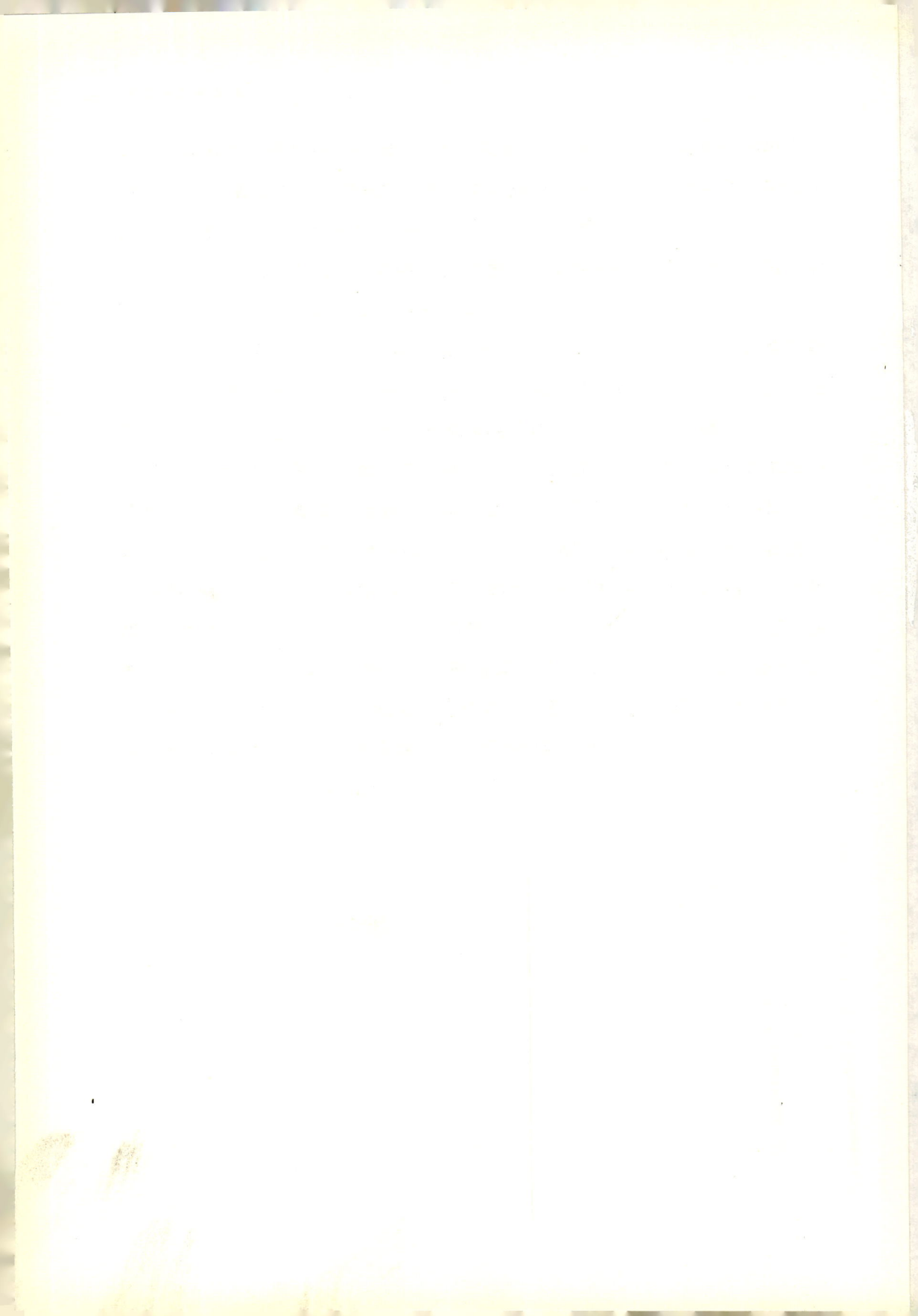